Lewis Smedes
Die Gabe der Gnade

Lewis Smedes

Die Gabe der Gnade

FRANCKE

Verlag der Francke-Buchhandlung GmbH

Die Deutsche Bibliothek – CIP-Einheitsaufnahme
Smedes, Lewis B.:
Die Gabe der Gnade / Lewis Smedes. [Dt. von Leslie Richford]. –
Marburg an der Lahn: Francke, 1992
(Ein Francke-Taschenbuch)
ISBN 3-86122-015-6

Originaltitel:
How can it be allright when everything is all wrong?
© 1982 by Lewis B. Smedes
Published by arrangement with Harper San Francisco, a division
of Harper Collins Publishers, Inc., San Francisco, California, USA
© der deutschsprachigen Ausgabe
1992 by Verlag der Francke-Buchhandlung GmbH
3550 Marburg an der Lahn
Deutsch von Leslie Richford
Umschlaggestaltung: Agentur Lardon, Hamburg
Satz: Druckerei Schröder, 3552 Wetter/Hessen
Druck: Clausen & Bosse, Leck

Ein Francke-Taschenbuch

Inhalt

Einladung 7

1. Wenn alles wirklich schlimm ist, gibt es nur ein Wort dafür 11

2. Sie müssen nicht in Ihrer Hundehütte leben 27

3. Sie können auf einen Neubeginn setzen – und gewinnen 47

4. Alle Welt ist ein Kritiker – und Sie sind es leid, die Rezensionen zu lesen 65

5. Sie können in einer wundertötenden Welt dennoch von Staunen erfüllt sein 79

6. Leiden Sie mit den Leidenden und tanzen Sie nach dem Rhythmus Gottes 93

7. Sie sind nur ein irdenes Gefäß, doch gibt es bei Gott einen Markt für Töpfe mit Sprung 115

8. Wenn Sie mit dem Leben einfach nicht fertigwerden, sind Sie reif für Gottes ersten Schachzug 127

9. Wenn Sie die Engel sehen werden, werden Sie wissen, warum Sie glauben 139

10. Gott läßt sich viel Zeit – warum es ihm nicht gleichtun? 157

11. Stürzen Sie in die Hölle, dann kann es sein, daß Sie in der Hand Gottes landen 171

12. Ende gut, alles gut! 189

Einladung

Geben Sie sich große Mühe, an Gott zu glauben, obwohl Ihnen unzählige innere Stimmen sagen, daß Sie damit aufhören sollten? Dann sind Sie mein Typ. Ich habe dieses Buch für Sie geschrieben.

Der Glaube fällt auch mir nicht in den Schoß. Er ist mir noch nie zugeflogen und wird es, schätze ich, auch nie tun. Ich werde fast ständig von Schwierigkeiten und Schmerzen bedrängt, die mir zu verstehen geben, es sei so schlecht um die Welt bestellt, daß der Glaube an einen guten Gott unsinnig sei. Alles, was ich hier sage, ist durch einen Filter gegangen, den Filter der vielen Jahre, in denen mir das Gläubigsein gegen den Strich gegangen ist.

Viele Menschen, die mir ans Herz gewachsen sind, müssen zu sehr leiden, als daß es mir leichtfallen könnte, an Gott zu glauben. Menschen, die mir nahestehen, bekommen Krebs und sterben vorzeitig; meine Gebete vermögen weder ihre Schmerzen zu stillen noch das Läuten der Totenglocke aufzuhalten. Die Ehen meiner Freunde verwandeln sich in Schlachtfelder, und ihre Kinder machen die Hölle durch. Gott tut für die Menschen in meinem Bekanntenkreis nicht viele Wunder.

Die Schmerzen der Leute in meinem kleinen Wirkungsbereich sind nur der Anfang. Jene hungernden Kinder in Übersee, für die ich bete, sterben weiter; die Unterdrückten, denen meine Fürbitte gilt, werden weiterhin malträtiert und um ihre Freiheit gebracht. Ich jammere nicht. Ich weiß, daß wir unser Elend vielfach selbst verursachen. Ich gebe lediglich zu, daß meine Überzeugung, daß Gott uns wirklich liebt, neben vielen Schmerzen zu bestehen hat, die den Eindruck vermitteln, er liebe uns nicht genug.

Der Glaube setzt sich nicht in meinem Kopf frei mit

einem jubelnden Hoch auf Gott. Er schleicht sich mir in die Seele, während mein Verstand sagt: „Mein Gott, wo warst du, als ich dich brauchte?"

Ich spreche von dem echten Glauben, der unserer tiefsten Seele entspringt, dort, wo sich unsere elementarsten Gefühle ergießen. Die verstandesmäßige Seite des Glaubens ist nicht besonders schwierig. Mir fallen Argumente für Gott im Schlaf ein. Wirklich schwer in den Griff zu bekommen ist nur der gefühlsmäßige Aspekt, jene Seite des Glaubens, die uns im verborgensten Winkel unseres Seins wissen läßt, daß alles in Ordnung ist, wenn unser Verstand sagt, daß alles ganz furchtbar sei.

Ich denke an ein wirklich tiefes Gefühl, weit stärker als eine bloße Gemütsregung. Ich spreche von Gefühlen, die uns im Innersten ergreifen und uns mitteilen, ob das Leben gut ist oder mies. Gemeint sind Gefühle, die unser Leben entweder der Freude oder dem Elend entgegentreiben. Ich spreche von Gefühlen des Herzens, vom Fenster unseres Daseins, das offensteht für Gott.

Wenn ich *fühle*, daß ich geliebt werde, obwohl alles um mich herum sagt, daß ich nicht liebenswert bin, dann habe ich wirklich Glauben. Wenn ich *fühle*, daß das Leben in diesem Jammertal sehr wohl lebenswert ist, habe ich Glauben. Wenn ich mich dankbar genug *fühle*, um froh zu sein, habe ich Glauben. Wenn ich fühle, daß mit mir alles in Ordnung ist, obwohl alles um mich herum Trübsal bläst, dann bin ich tatsächlich ein Glaubender.

Dieses Gefühl packt uns auf vielen Ebenen unseres Daseins. Im vorliegenden Buch lade ich Sie ein, sich auf zwölf verschiedenen Ebenen Ihres Lebens umzusehen, damit Sie feststellen können, ob Sie dort, im eigenen Empfinden, ein Gefühl des In-Ordnung-Seins entdeckt haben. Jedes Kapitel ist die Geschichte einer Entdeckung, eine Enthüllung darüber, daß alles auch dann in Ordnung sein kann, wenn die Dinge denkbar schlecht stehen.

Entdeckung, sage ich, nicht Leistung! Wir sprechen nicht davon, uns „noch mehr anzustrengen". Haben Sie selbst dieses Gefühl — diese intuitive Erkenntnis, die sich weit unter der Oberfläche unserer Hirnwellen einstellt —, dann merken Sie, daß es sich um eine Gabe handelt. Eine Gabe der Gnade? Selbstverständlich, was denn sonst? Gute, alte „erstaunliche Gnade", sie ist immer noch des Entdeckens wert.

Ich will Sie nicht irreführen. Ich besitze keinen Sack voller geistlicher Kniffe, mit denen ich bewirken könnte, daß alles für Sie gutgeht. Dieses Buch ist kein spiritueller Ratgeber voller genau zu befolgender Regeln. Ich weiß nicht, wie man die Gnade in Szene setzt. Ich habe keine Ahnung, wie man ihr Befehle erteilt, wann und wie sie aufzutreten hat. Ich halte den Versuch, das zu tun, für eine empörende Sünde. Ich weiß nur, daß ich die Gaben der Gnade, auf merkwürdige Weise und ohne Gegenleistung verliehen, zu erkennen vermag, wenn ich sie sehe. Und im vorliegenden Buch biete ich einige Hinweise darauf, wie auch Sie sie sehen und fühlen können.

Daß die Gnade tatsächlich auftritt, das weiß ich ganz genau.

Gnade widerfährt mir, wenn ich eine Aufwallung ehrlicher Freude empfinde, die mich, obwohl ich allen Grund hätte, mich schrecklich zu fühlen, froh macht, daß ich lebe. Gnade ereignet sich, wenn ich das Angebot meiner Frau annehme, mit ihr einen liebevollen Neuanfang zu machen, nachdem ich sie verletzt habe. Gnade ereignet sich, wenn ich mich trotz der Leute, die mich für verrückt oder gottlos halten, frei fühle, dem eigenen Gewissen Folge zu leisten. Gnade ist die Gabe, uns sicher zu fühlen, daß unsere Zukunft, auch unser Sterben, prächtiger werden wird, als wir uns vorzustellen wagen. Gnade ist das Gefühl der Hoffnung.

Ja, Gnade ereignet sich. Sie ereignet sich auf vielen verschiedenen Ebenen meines Lebens. Und dennoch gibt es auf allen Ebenen einen gemeinsamen Nenner: Die Gnade gibt mir das Gefühl, daß alles in Ordnung ist, auch wenn es äußerst schlecht aussieht.

Wenn Sie, wie ich, sich selbst zum Trotz ein Glaubender sind, werden Sie möglicherweise in den hier vorliegenden „Enthüllungen" der Gnade sich selbst wiedererkennen. Begleiten Sie mich, so werden Sie sich, wie ich hoffe, an großartige Augenblicke erinnern, in denen das freudige Gefühl, daß mit Ihnen alles in Ordnung ist, auch Sie erfaßt hat. Ich hoffe darüber hinaus, daß es noch einmal geschieht, vielleicht während Sie noch am Lesen sind. Wenn es so kommt, lassen Sie die Flammen des Gefühls so lange lodern, bis Ihr Herz mit der Gewißheit erfüllt ist, daß es wieder mit Ihnen zum besten steht.

1. Wenn alles wirklich schlimm ist, gibt es nur ein Wort dafür

DIE GABE DER GNADE

Die Gnade sei mit euch.

(Kolosser 4, 18 b)

Ich entfernte mich von Cals Krankenbett, öffnete die Tür und hielt einen Augenblick inne, um mich noch einmal umzusehen, ehe ich fortging. Cal hob ein wenig den Kopf, lächelte und sagte: „Es ist schon gut." Und dann verließ ich ihn. Ich sollte ihn nie wieder zu sehen bekommen, aber seine Worte verfolgen mich bis heute. Sie sind für mich zur Metapher geworden für die tiefschürfendste Frage von allen: Wie kann irgend jemand wirklich glauben, daß es „schon gut" sei, wenn alles wirklich schlimm steht?

Als ich hörte, daß mein bester Freund an Krebs erkrankt war und im Sterben lag, flog ich von Los Angeles nach Michigan, um ein paar Tage mit ihm zu verbringen, solange er noch imstande war zu sprechen. Cal und ich waren miteinander befreundet, seit wir uns am ersten Tag unseres ersten Jahres am College in den Weg gelaufen waren. Ich wußte, daß dies unser letztes gemeinsames Gespräch auf dieser Erde sein würde, das Ende einer 30 Jahre währenden Freundschaft, die durch nichts zu ersetzen war. Wir verbrachten vier Tage damit, über unsere Vergangenheit und seine Zukunft zu reden, wie nur vertraute Freunde miteinander reden können. Und dann mußte ich gehen. Drei Tage später sollte er tot sein. Aber als ich mich umsah, um einen letzten, lebendigen

Moment lang den Blickkontakt mit ihm zu suchen, vermachte er mir das peinigende Erbe jener alltäglichen Worte: „Es ist schon gut."

Als ich sein Zimmer verließ und auf den Fahrstuhl zuging, packte mich seine Frau Joan und rief: „Lew, ich habe Angst." Und ich erkannte, daß es nicht eben „gut" war. Es war ganz furchtbar. Es war furchtbar für seine Frau. Es war furchtbar für seine vier Kinder. Es war furchtbar für seine Freunde. Während ich mit dem Fahrstuhl in die Eingangshalle des Krankenhauses hinunterfuhr, stieß ich vor Gott bittere Klagen darüber aus, daß es auch für mich furchtbar sei. Noch ehe ich mein Auto erreicht hatte, wußte ich, daß ich noch lange durch die Mangel dieser schrecklichen Frage gedreht werden würde. Wie können wir, von Schmerz, Trauer und Tod zermürbt, immer noch glauben, daß das Leben in seinem innersten Kern gut sei? Die Antwort muß wohl irgendwie mit dem Wind der Gnade hergeweht kommen.

Ist Ihnen jemals aufgefallen, wie alltägliche Redewendungen, in genau dem richtigen Augenblick ausgesprochen, zu ungewöhnlichen Wahrheiten werden? Welch abgedroschener Trost: „Es ist schon gut." Ein Junge verschießt während eines Kreisklassenspiels einen Freistoß. „Schon gut", sagt der Trainer. Ein Gast verschüttet Kaffee auf eine saubere Tischdecke. „Schon gut", sagt die Gastgeberin. Ein Baby schreit mitten in der Nacht. „Schon gut", sagt die Mutter. Beruhigende Klischees, bezogen auf Dinge, die viel weniger bedeutend sind als Leben oder Tod. Aber mein Freund sprach jetzt weder über verschütteten Kaffee noch über einen verschossenen Freistoß, sondern vom Leben in seiner ganzen Tiefe. In solch einer Situation weist eine häufig gehörte Redewendung entweder auf profunde Selbsttäuschung oder auf eine ungewöhnliche Wahrheit hin.

Das Wort „Gnade" wurde häufig nur als höfliche Floskel verwendet. Der Apostel Paulus paßte sich dem trivialen Brauch seiner Zeit an und beschloß alle seine Briefe mit einer Variation über das Thema Gnade. „Die Gnade sei mit euch", sagte er, oder etwas Ähnliches. Welch ein Klischee! Damals war es überall zu hören, wo Griechisch gesprochen wurde. Ein Mann hob sein Weinglas und prostete einem Fremden, den er in einer Schenke kennengelernt hatte, mit den Worten zu: „Die Gnade sei mit dir!" Am Schluß eines Briefes an eine Person, die er verachtete, schrieb er: „Die Gnade sei mit dir." Eine schnodderige, abgestandene, alberne kleine Lüge, die man verwendete, um das Räderwerk der trivialen Unterhaltung zu ölen. Eine alltägliche Redewendung, nichts weiter.

Aber jetzt rettete der Apostel Paulus diesen farblosen Gemeinplatz, tauchte ihn in eine ganz neue Wirklichkeit und machte ihn zum Signal der Zusicherung Gottes, daß *das Leben gerade dann gut sein kann, wenn alles daran schlecht ist.* Die Wirklichkeit, die Jesus heißt, verwandelte das Klischee der Gnade in die Wirklichkeit eines Gottes, der in unsere Zeit, unsere Geschichte, unser Leben eintrat, um die Dinge in ihrem Kern in Ordnung zu bringen. Er kam in Gestalt eines Menschen namens Jesus, der Reden hielt und Schmerzen erlitt, starb und auferstand. Sein Auftrag bestand darin, die Gnade in die Welt hineinzutragen und sie so auf der tiefsten Ebene der Wirklichkeit in Ordnung zu bringen. Und er tut es gerade dann, wenn alles wirklich schlimm ist. Gnade? Das Wort ist nur ein Kürzel für alles, was Gott ist und was er in unserem müden, sündigen, zerbrochenen Leben für uns tut. Die Gnade sei mit euch! Es ist „schon gut", auch wenn es ganz schlimm steht. Eine abgedroschene Redensart? Jetzt nicht mehr.

Hier wird uns etwas darüber verraten, wie die Gnade funktioniert. Die Gnade bringt nicht alles in Ordnung. Das Raffinierte an der Gnade ist, uns zu zeigen, daß es schon gut ist, daß wir leben; daß es wirklich gut ist, vielleicht sogar wunderbar, daß wir atmen und zugleich die elende Jämmerlichkeit alles dessen, was um uns herum ist, fühlen. Die Gnade ist kein Freifahrschein nach Utopia; Utopia ist nur ein Traumland. Die Gnade ist kein Zaubertrank, der das Leben nach unseren Vorstellungen verwandelt; das wäre Hokuspokus. Die Gnade heilt nicht alle unsere Krebsgeschwüre, macht nicht alle unsere Kinder zu Siegern und sorgt nicht dafür, daß wir uns in die Lüfte des Erfolgs emporschwingen und sexuelle Höhenflüge erleben. Die Gnade ist vielmehr eine erstaunliche Kraft, die uns befähigt, der irdischen Wirklichkeit voll ins Auge zu blicken, ihre traurigen und tragischen Seiten zur Kenntnis zu nehmen, die kräftigen Hiebe, die sie austeilt, zu fühlen, in den Urschrei der Menschheit gegen ihre hanebüchene Ungerechtigkeit einzustimmen und dennoch in unserer tiefsten Seele zu spüren, daß es gut und richtig ist, auf Gottes guter Erde zu leben. Gnade ist die Kraft, sage ich, das Leben überaus deutlich wahrzunehmen, zuzugeben, daß es manchmal ganz schlimm ist, und dennoch zu wissen, daß es irgendwie, im innersten Kern des Lebens, „schon gut" ist. Das ist ein Grund, warum wir von „erstaunlicher" Gnade sprechen.

Gnade ist das eine Wort für alles, was Gott uns in der Gestalt Jesu Christi geworden ist. Die Gnade hat jedoch viele Gesichter. Ich will mich hier mit drei von ihnen befassen, dreimal die erstaunliche Art skizzieren, wie Gott zu uns kommt, wenn wir bedrückt sind: Gnade ist Vergebung; Gnade ist Kraft; Gnade ist Verheißung. Ich lade Sie ein, jedes dieser drei Gesichter mit mir zu betrachten. Aber während wir darüber sprechen, denken Sie bitte daran, daß die Gnade keine abstrakte Idee ist, sondern eine Realität, die Sie nicht kennenlernen, indem Sie die richtigen Worte nachsprechen, sondern indem Gott Ihnen die Gabe gibt.

Gnade ist Vergebung

Den Grundstock der Gnade bildet die erstaunliche Gabe zu wissen, daß es mit uns persönlich zum besten steht, obwohl wir erkannt haben, daß vieles an uns verkehrt ist.

Wer unter uns lebt so, wie er sich's einst erträumt hat? Entspricht etwa unser Charakter den hehren Vorstellungen, die in den heiteren, unschuldigen Tagen unserer Jugend unsere Phantasie beflügelten? Einst, als wir noch Träumer waren, rechneten wir uns gute Chancen auf jene undefinierbare Mischung, jene ideale Mixtur aus Glück und Güte aus; wir wollten beides sein, reich und freigebig, sexy *und* keusch. Wir glaubten, wir könnten tatsächlich zu der kreativen, glaubwürdigen, vollständigen Person werden, die, davon waren wir überzeugt, latent in uns steckte. Aber Gott sei's geklagt, man sehe sich uns jetzt an!

Erfüllen wir unsere eigenen Träume nicht, wie steht es dann um die Träume, die Gott für uns hat? Gottes Traumvorstellung vom menschlichen Leben hat sich in Jesus Christus verwirklicht, an dessen Lebensstil deutlich wird, wie Gott sich die Menschen wünscht. Vergessen wir für den Augenblick seine „ewige Gottheit"; konzentrieren wir uns auf die menschliche Person, die sich mit unbestechlicher Redlichkeit durch eine gleisnerische Gesellschaft und mit tiefstem Erbarmen durch ein herzloses religiöses System vorarbeitete; die alles, was gewöhnliche Sterbliche vom Leben verlangen, aufs Spiel setzte, um verletzten, verlorenen Menschen zu dienen; die sich mit aufopfernder Liebe in den unzeitigsten Tod der gesamten Menschheitsgeschichte treiben ließ. Welch ein Mensch! Und er ist das Ebenbild, in das Gott uns verwandeln will. Die Botschaft lautet: Willst du ein Mensch nach den Vorstellungen Gottes sein, dann werde wie Jesus.

Aber was tun, wenn wir nicht einmal nahe dran sind, Gottes Traumvorstellung von einem guten Menschen in unserem Leben zu verwirklichen? Nehmen wir unsere Zuflucht zur Frömmigkeit? Lassen Sie sich von mir warnen. Eine Frömmigkeit, die keine Gnade kennt, wird Sie mit Gottes Vorstellung vom vollkommenen Menschen verprügeln und Sie verdammen, weil Sie diesem Traumbild im eigenen Leben nicht entsprechen. Die Frömmigkeit macht uns unseres Versagens wegen fertig und zwingt uns, auf dem Boden der Niederlage herumzukriechen. Ich unterhielt mich erst kürzlich mit einer Frau mittleren Alters, die, verletzt und beschämt, die Scheidung ihrer Ehe nur mit knapper Not überstanden hatte, aber sich aufgrund ihrer gnadenlosen Frömmigkeit verurteilt fühlte; sie sagte mir: „Ich weiß, daß ich es mir niemals werde verzeihen können." Wie bitte? Niemals? Sich niemals selbst verzeihen? Nie wieder lächeln, nie wieder sagen: „Es ist schon gut so, auch wenn ich vielleicht ganz falsch lag"? Unsere Frömmigkeit tut uns das manchmal an; sie sagt uns, daß wir für immer falsch liegen, weil wir dem göttlichen Ideal nicht gewachsen sind.

Die Gnade sei mit Ihnen, liebe Frau, und mit uns allen, wenn wir hinter Gottes vollkommenen Vorstellungen vom menschlichen Leben zurückbleiben! Möge die Gnade zu Ihnen in Ihrer echten Schuld und Ihren falschen Schuldgefühlen, in Ihrer schweren und in Ihrer geringfügigen Schuld durchdringen! Es komme die Gnade, um Sie in der Tiefe Ihrer Seele davon zu überzeugen, daß es „schon gut" ist, auch wenn vieles an Ihnen verkehrt sein mag. Es wird Ihnen widerfahren, Sie werden es wissen, es fühlen und erleben, wenn Gott Ihnen zeigt, daß — trotz allem — aus seiner Sicht alles mit Ihnen zum besten steht.

Das ist an der Gnade so erstaunlich: daß sie dem zarten Gewissen auf überraschende Weise widerspricht. Das Gewissen verurteilt; die Gnade widerspricht seinem Urteil. Das Gewissen sagt, es müsse schlimm mit uns stehen, weil wir falsch liegen. Die Gnade sagt, daß es mit uns zum besten steht, obwohl wir falsch liegen. Die Gnade ist stets für eine Überraschung gut. Es überrascht nicht, daß wir nach dem Willen Gottes gut sein sollen; es überrascht nicht, daß wir nach dem Willen Gottes ehrlich, gerecht, anständig und freundlich zu sein haben. Das will jede Gottheit, die sich religiöse Menschen mit ihrer frommen Phantasie jemals haben einfallen lassen. Aber die überraschende Botschaft des erstaunlichen Gottes Jesu Christi, die Botschaft, die uns vom Kreuz her erreicht, wo er starb, um alles gut zu machen, die gute Botschaft, die sich an die sündige Seele richtet — diese Botschaft besagt: Das Leben ist genau dann in seinem innersten Kern in Ordnung, wenn wir im Unrecht sind. Dies ist Vergebung, das erste Gesicht der Gnade, die uns ergreift.

Gnade ist Kraft

Das zweite Gesicht der Gnade ist ihre Kraft, uns schrittweise in sein Ebenbild zu verwandeln — uns heute zu besseren Menschen zu machen, als wir gestern waren.

Wir werden jedoch nicht begreifen, wie erstaunlich diese Kraft ist, wenn wir nicht erkennen, daß sie ganz verschieden ist von jeder Energie, die wir mit Hilfe der Technik beherrschen. Die Gnade ist eine ganz andere Kraft als die, die wir in unseren Kernreaktoren erzeugen; sie unterscheidet sich von jeder physischen Gewalt. Aber sie unterscheidet sich auch von moralischer Gewalt; die Gnade macht uns nicht dadurch zu besseren Menschen, daß sie uns solange schurigelt, bis wir uns moralisch gebessert haben. Die Kraft, uns besser zu machen, wird freigesetzt, wenn Gott uns aus freien Stücken überzeugt, daß es mit uns zum besten steht, so wie wir sind. Die Kraft der Gnade ist paradox.

Wenn wir durch vergebende Gnade befreit worden sind, sind wir äußerst kraftvoll. Fühlen wir uns sicher, daß wir niemals aufgrund dessen, was wir sind, verurteilt werden können und daß kein Gericht und keine katastrophale Schuld uns je etwas anhaben kann, dann beginnt die Kraft zu wirken! Hat die Gnade uns überzeugt, daß es auch dann mit uns zum besten steht, wenn wir falsch liegen, dann fängt die Kraft an, uns in Ordnung zu bringen.

Don Quijote, jener lächerliche Ritter, der auf seinem komischen Klepper dahergeritten kam, um seine verrückte Welt zu erobern, gibt ein prächtiges profanes Gleichnis für erstaunliche Gnade ab. Er kämpfte zwar zum Schluß gegen Windmühlen, doch hatte er eine große Begabung. Es gelang ihm, das Leben einer gewissen Person besser zu machen, und zwar dann, als er sie überzeugen konnte, daß alles in Ordnung sei, obwohl die Dinge in Wirklichkeit ganz schlimm standen. Er begegnete dieser geschmacklos gekleideten Frau in einer geschmacklos eingerichteten Schenke in einer kitschigen Kleinstadt. Sie war keine vornehme Frau; im Gegenteil, jeder in der Stadt wußte, daß sie ein gefallenes Mädchen war. Da alle wußten, daß sie gefallen war, behandelten sie sie, als wäre sie eine hoffnungslose, schmutzige Sünderin. Und da jeder sie als eine böse Frau behandelte, kam sie sich wie eine böse Frau vor und paßte sich der ihr zugewiesenen Rolle an. Dann kam der erstaunliche Don Quijote in die Stadt geritten. Er betrachtete die Frau durch die Brille seiner Gnade. Was er sah, war eine prächtige Frau. Er durchbrach das eisige Urteil der „moralischen Mehrheit" und erklärte sie zu einer vornehmen, edlen Person. Er sagte ihr: „Es ist schon gut, auch wenn jeder sagt, daß du ganz schlecht bist." Und als sie die Gewißheit erlangte, daß Don Quijote es wirklich ernst meinte, als sie die Gnade ergriff, mit der er sie ergriffen hatte, begann sie die *Kraft* der Gnade zu *fühlen*. Sie wurde zu der Frau, die Don Quijote sah.

Nun aber zurück zur Realität der Gnade Gottes. Wir haben es nicht mit einem fiktiven Ritter zu tun, der gegen Windmühlenflügel turniert. Wir haben es mit einem heiligen und ehrlichen Gott zu tun, der von uns fordert, daß wir heilig seien, und weiß, daß wir es nicht sind. Aber Gott wirkt dennoch an uns — da er voraussetzt, daß wir in Ordnung sind, wenn wir wissen, daß vieles an uns verkehrt ist. Denken wir an zwei Beispiele. Petrus verleugnete Jesus, um vor einem Zimmermädchen sein Gesicht zu wahren. Er behauptete, den Mann nicht zu kennen. Als er dann aber doch seiner Feigheit ins Auge sah, rief er: „Ich bin ein Christusleugner!" (Lukas 22,54-62)[1]. In dem Augenblick, als er seine Sünde bekannte, hörte er Gott sagen: „Es ist schon gut — auch jetzt, wo du so furchtbar falsch liegst." In *diesem* Moment, im Augenblick seiner verächtlichsten Schwäche, als er die Gnade ergriff, die ihn ergriffen hatte, erhielt er die Kraft, ein Apostel Jesu Christi zu sein und nicht mehr ein Christusleugner.

Paulus war ein Apostelmörder. Er hatte ein moralisches Monstrum auf dem Gewissen, und als er sich ihm stellte, sah er sich als ganz verkehrt: „Ich bin ein Mensch von der Art, die Apostel tötet" (Apostelgeschichte 26,9-11). Aber als er sich zu seiner furchtbaren Identitätskrise bekannte, hörte auch er Gott sagen: „Es ist schon gut, auch wenn du auf schreckliche Weise falsch liegst" (Apostelgeschichte 26,12-18). Und in diesem Moment fühlte er in sich die Kraft, zum größten aller Apostel zu werden und kein Apostelmörder mehr zu sein.

So läuft es eben. In dem Augenblick, wenn wir erkennen, daß es in Ordnung ist, obwohl wir uns auf bizarre Weise ins Unrecht gesetzt haben, werden wir von unserer privaten Last des Versagens befreit und erhalten die Kraft, zu einem Menschen nach den Vorstellungen Gottes zu werden. Drücken wir es theologisch aus: In dem Moment, in dem wir unsere Rechtfertigung fühlen, befinden wir uns auf dem Weg zur Heiligung. Die Zwangsjacke des Selbsthasses ist abgestreift; die Fesseln der Selbstverurteilung sind gesprengt; die befreiende Kraft ist losgelassen, und wir gehen unserer Bestimmung entgegen. Die überraschende Kraft der Gnade ist das zweite Gesicht der Gnade.

Gnade ist Verheißung

Gnade ist die Kraft, heute so zu leben, als wäre morgen alles gut — das dritte Gesicht der Gnade. Wohlgemerkt, die Kraft ist nicht das Kind eines verzweifelten Hasardeurs, der gegen alle Hoffnung darauf spekuliert, daß sich alles doch noch zum Guten wenden wird. Es handelt sich um eine Kraft, die vom Geist Jesu erzeugt wird, und der besitzt überzeugende Beweise dafür, daß Gott die Gewohnheit hat, uns durch Desaster zum Sieg zu führen und seine Verheißungen zu erfüllen. Gnade ist die geheimnisvolle Kraft, so zu leben, als wüßten wir, daß der morgige Tag besser sein wird als der heutige, auch wenn unser gesunder Menschenverstand uns für morgen nichts Gutes ahnen läßt.

Viele unter uns haben die Kraft, von den Verheißungen zu leben, verzweifelt nötig. Einige unter uns haben das Gefühl, wir seien in ein Auto gesperrt, das mit Vollgas einen steilen Abhang hinunterrast — und das mit eingerastetem Lenkradschloß und ohne Bremsen. Niemand kann uns aufhalten. Nichts und niemand kann verhindern, daß wir die Welt bei einem letzten nuklearen Schlagabtausch vernichten. Die Inflation nagt unaufhaltsam an den Rentenkassen. Die eine Hälfte der Weltbevölkerung muß ihrer Armut wegen verhungern, während die andere Hälfte an der giftigen Staubwolke unseres durch die Technik gesicherten Wohlstands erstickt — und wir können nichts dagegen tun. Allem Anschein nach steuern wir auf eine kosmische Katastrophe zu. Aber das sind nur die globalen Ängste, die uns das Gefühl geben, in einem System gefangen zu sein, das mit einem Desaster enden wird.

Unsere kleinen Befürchtungen verletzen uns noch schlimmer. Sie sind zwar winzig im Vergleich, doch pressen sie uns schneller zu Boden als alle weltweiten Schrecknisse. Ich heiße unsere Kurzsichtigkeit nicht gut. Ich erstatte nur darüber Bericht, daß die meisten unter uns sich ängstlicher fühlen, wenn wir den Verdacht hegen, daß eines unserer Kinder Drogen nimmt, als wenn wir hören, daß 50.000 Kinder Hunger leiden. Darum brauchen wir eine Verheißung mit der Kraft, uns eine Hoffnung einzuflößen, die unsere Furcht austreibt.

Eintausend ahnungslose Jugendliche wurden mit vorgehaltenem Diplom aus der High-School verabschiedet, während ich wehmütig zuschaute. Einige hielten eine glänzende Abschiedsrede und würden nach einem angenehmen Aufenthalt in Stanford oder an der Universität von Kalifornien eine ebenso glänzende Zukunft vor sich haben. Aber auf jeden, der daran glaubte, daß seine Träume Wirklichkeit werden würden, kamen 150 verwirrte Jugendliche, die keine Träume hatten und nicht wußten, welches Ziel sie verfolgen noch wie sie es erreichen sollten, wenn sie es gewußt hätten. O Gott, wie sehr sie eine Verheißung brauchen, daß das Morgen besser sein kann als das Heute!

Tausende ahnungsloser Pärchen werden sich dieses Jahr im Juni, noch während ich schreibe, vor einen Prediger hinstellen, um auf die magische Formel zu warten, die sie in die endlosen Weiten der Liebe hinwegtragen wird, wo die Luft, die man atmet, „Glück" heißt. Aber auf jedes Paar, das bereitsteht, den heiteren Himmel der Liebe zu durchfliegen, kommen hundert Paare, deren Flug vor Jahren abgebrochen werden mußte, als die Motoren der Liebe aussetzten und die Trägheit der Langeweile oder die Energie des Hasses einsetzte. Wie sehr sie doch eine Verheißung brauchen, daß morgen alles besser sein wird, auch wenn heute alles mies ist!

Zehntausend ahnungslose junge Betriebswirte werden noch in diesem Monat auf das Spiel stoßen, das man „in der Firma vorankommen" nennt, die große Gralssuche nach den glänzenden Preisen, die uns in der freien Wirtschaft winken. Aber auf jeden kometenhaft aufsteigenden jungen Manager kommen 30.000 Männer und Frauen, die, müde, mürrisch und mißgestimmt, sich entweder von neun bis fünf abplacken mit einer Arbeit, die sie nie wirklich haben wollten, oder gern eine Stelle hätten, die sie nie bekommen werden. Wie sehr sie doch eine

Verheißung brauchen, daß die Dinge morgen anders aussehen können als heute!

Für Menschen wie sie, aber auch für jeden unter meinen Lesern, der den Kontakt mit Gottes guten Absichten für die Zukunft verloren hat, möchte ich das erstaunliche Wort des Apostels Paulus wiederholen: „Die Gnade sei mit euch" — die Gnade als eine göttliche Zusage, daß Sie gerade dann, wenn Sie den heutigen Tag kaum zu bewältigen vermögen, die Kraft empfangen können zu glauben, daß morgen alles besser sein kann.

Wenn der gesunde Menschenverstand sagt, das Leben sei zu einem schwarzen Block der Verzweiflung gefroren, wenn die Experten meinen, es gebe keine Antwort, wenn sogar die Theologen behaupten, Gott habe uns unserem Schicksal überlassen — dann möge die Gnade mit Ihnen sein als die erstaunliche Verheißung, daß Ihre Zukunft für den überraschend guten Willen Gottes für Sie offensteht.

Warum bezeichnen wir die Gnade als „erstaunlich"?[2] Die Gnade ist deshalb erstaunlich, weil sie dem gesunden Menschenverstand gegen den Strich geht. Der uneinsichtige Menschenverstand sagt uns, daß zuviel an uns verkehrt ist, als daß wir den Maßstäben eines heiligen Gottes entsprechen könnten. Die vergebende Gnade sagt uns, daß es „schon gut" ist, obwohl wir in so vielen Dingen falsch liegen. Der realistische Menschenverstand sagt uns, daß wir zu schwach, zu gestreßt, zu menschlich sind, um uns noch zum Besseren hin zu verändern; die Gnade gibt uns die Kraft, die uns befähigt, allmählich ein besserer Mensch zu werden. Der schlichte Menschenverstand sagt uns womöglich, daß wir uns in den ausgefahrenen Gleisen des Schicksals oder der Sinnlosigkeit bewegen; die Gnade verheißt, daß wir Gott vertrauen können, weil er ein Morgen für uns schaffen wird, das besser sein wird als das Heute, das wir für uns selber geschaffen haben.

Es wäre natürlich ein Fehler, damit zu rechnen, daß alles sofort und auf einmal vollständig eintrifft. Es geschieht womöglich scheibchenweise, mal eine Aufwallung der Kraft, mal ein Hoffnungsstrahl. Vielleicht ereignet es sich in den einzelnen Bereichen Ihres Lebens nacheinander; erwarten Sie nicht, daß die ganze Geschichte in einem Kapitel erzählt wird. Es kann passieren, daß Sie es bekommen und verlieren und ganz von vorne anfangen müssen. Doch wird der Herr Sie Schritt für Schritt offen machen für neue Winde der Vergebung, der Kraft und der Verheißung. Vielleicht geschieht es gerade jetzt, während Sie lesen. Es kann durchaus zu Ihnen durchdringen, während andere um Sie herum palavern. Vielleicht geschieht es auf dem Weg zur Arbeit, oder während Sie an einer Ampel halten. Vielleicht später, mitten in der Nacht. Tatsache ist, daß die Gnade Gottes, die allen das Heil bringt, wirklich erschienen ist. Und ganz gleich, wie Sie dorthin kamen, wo Sie sich jetzt befinden, ganz gleich, wie erbärmlich Ihr Zustand sein mag, wie tief Sie verletzt worden sind und wie sehr Sie sich aller Hoffnung beraubt fühlen, es kann dennoch, im innersten Kern Ihres Lebens, mit Ihnen zum besten stehen.

Begleiten Sie mich also, dann wollen wir in einigen unserer empfindlichen Stellen herumstochern, um festzustellen, wie wir dann und wann, hie und da, verstehen können, daß wir von einer Gnade ergriffen werden, die in einer in schreckliche Unordnung geratenen Welt nur eine Funktion hat, nämlich die, das Leben trotz allem wieder gut zu machen. Während wir uns umsehen, werden Sie, wie ich meine, Plätze erkennen, die Sie schon einmal besucht haben; ich möchte Sie durch vertrautes Gelände führen. Aber während wir unterwegs sind, um uns die Bereiche des Lebens anzusehen, die von der Gnade berührt werden, hoffe ich, daß etwas in Ihrem Inneren Ihnen den Anstoß gibt, die Gnade zu ergreifen, von der Sie fühlen, daß sie Sie ergreift.

Anmerkungen

[1] Sofern nicht anders angegeben, handelt es sich bei Bibelworten um eine freie Wiedergabe des Verfassers.

[2] „Amazing Grace" — Titel eines in den englischsprachigen Ländern überaus beliebten Kirchenliedes, gedichtet vom ehemaligen Sklavenhändler John Newton (1725 – 1807) (Anm. d. Übers.).

2. Sie müssen nicht in Ihrer Hundehütte leben!

Die Gabe der Freude

Dies ist der Tag, den der HERR macht; laßt uns freuen und fröhlich an ihm sein.
(Psalm 118, 24; rev. Lutherübers.)

Wir wurden um der Freude willen geschaffen, Sie und ich, und wenn wir ohne sie leben, verfehlen wir den Grund unserer Existenz. Dazu kommt, daß Jesus Christus auf dieser Erde lebte und starb, um uns die Freude wiederzugeben, die wir verloren haben. Jesus hat es uns selbst gesagt. Er verfolgte mit allem, was er uns auf dieser Erde zu sagen hatte, das eine vorrangige Ziel, uns an seiner Freude teilhaben zu lassen. Die Kirche sprach es Jesus nur nach, als sie uns lehrte, Männer wie Frauen seien in erster Linie dazu erschaffen, „Gott zu verherrlichen und sich auf ewig an ihm zu erfreuen"[1]. C. S. Lewis empfand es, als er sagte: „Freude ist die Hauptbeschäftigung des Himmels." Aber sie ist auch, wie ich ergänzen darf, die Hauptbeschäftigung der Erde. Darum können wir ruhig die Überzeugung vertreten, daß wir dann, wenn wir über die Freude nachdenken, dem tiefsten Geheimnis des Lebens auf der Spur sind. Wir sprechen nicht von irgendwelchen seelischen Kinkerlitzchen oder Gefühlsduseleien; wir sprechen von der Entdeckung, daß das Leben in seinem innersten Kern in Ordnung ist.

Sind wir als Menschen zur Freude bestimmt, so verlangt uns auch nach ihr. Jeder möchte sich ein wenig freuen können. Seien wir keine Heuchler. Tun wir nicht so, als wären wir zu ernst, um uns ein wenig Freude im Leben zu wünschen. Geben wir lieber zu, daß uns die Hoffnung in Gang hält, daß eines Tages auch für uns die Glocken läuten werden und das große Halleluja erklingen wird. Ich wage zu behaupten, daß jeder, der so tut, als wolle er nur dienen und sich niemals freuen, ein oberflächlicher Mensch ist und wahrscheinlich ein wenig garstig dazu.

Ein Verseschmied aus uralter Zeit lädt uns ein, genau das zu tun, wozu wir geschaffen wurden und was wir eigentlich schon immer tun wollten: „Dies ist der Tag, den der Herr macht; laßt uns freuen und fröhlich an ihm sein." Der alte Dichter spricht ohne Zweifel die Sprache menschlichen Verlangens.

Wo liegt denn unser Problem? Das Problem liegt darin, daß es uns lächerlicherweise recht schwer fällt, das zu tun, wozu wir erschaffen und erlöst wurden. Der dänische Denker Søren Kierkegaard hat es in etwa so formuliert: Die meisten unter uns verbringen ihr Leben damit, für sich selbst eine Villa zu bauen; aber sobald sie damit fertig sind, entschließen sie sich, in ihrer Hundehütte zu leben. Oder nehmen wir John Bunyans trauriges Gleichnis: Wir sperren uns mitten in einem finsteren Raum in einen Käfig und führen Klage darüber, daß Gott uns an diesen Platz gestellt hat[2]. Kurzum, wir schlagen die Freude aus, zu der wir bestimmt sind und um derentwillen uns sowohl der heutige Tag als auch die Gabe des Lebens selbst geschenkt wurden.

Grund genug also, ernsthaft darüber nachzudenken, wie wir uns aus unserer persönlichen Hundehütte, das heißt: aus unserer Schuld, unserer Angst, unserem Zorn, unseren Grollgefühlen, aus der Hundehütte unserer Seele hinaus- und in die Freude des Tages, den der Herr gemacht hat, hineinbegeben können. Lassen Sie mich drei Fragen über die Freude stellen und beantworten, Fragen, die mir im Gedächtnis haftenbleiben, wenn ich mir darüber Gedanken mache, was aus meiner Freude geworden ist: *Freude — was ist das? Welches Recht habe ich auf Freude? Was hindert mich daran, Freude zu erleben?*

Freude — was ist das?

Um auf diese Frage eine Antwort zu finden, muß, wie ich meine, jeder unter uns einen Moment aus seinem eigenen Leben, einen Augenblick besonderer Freude, aufspüren und ergreifen, ihn untersuchen und ihn zu einem Gleichnis für die Freude werden lassen. Mein eigenes Gleichnis für die Freude stellte sich am Ende eines Konzertabends mit Isaac Stern und der Los Angeles Philharmonic ein. Stern spielte eines jener romantischen Konzerte, die mich stets begeistern, und ich war zutiefst bewegt. Wie wir alle. Wir hörten ihn. Wir empfingen seine Gabe. Und als er fertig war, segneten wir ihn. Wir spendeten ihm das geweihte Lob unseres brausenden Beifalls. Er freute sich darüber und kam immer wieder zurück, um noch mehr davon zu empfangen. Und als er zurückkam, erhoben wir uns. Wir waren hingerissen, außer uns vor Dankbarkeit, und auf einmal erkannte ich, daß mir der Beifall noch mehr Freude bereitete als das Konzert. Und ich wußte auch, warum.

Dadurch, daß wir Sterns Gabe empfingen und ihm unseren Segen spendeten, inszenierten wir ein Gleichnis für den Sinn des Lebens unter Gott in dieser Welt. Wir hatten eine wahrhaft großartige Gabe empfangen — die Gabe des Genius eines Brahms, umgewandelt durch die künstlerische Leistung Sterns. Nun wurden wir durch Gefühle der *Dankbarkeit* für die Gabe bewegt, aber auch durch den *Wunsch, den Geber zu loben.* Es könnte sein, daß der Himmel doch Spaß macht — auch die endlosen Doxologien im himmlischen Chor!

Freude ist ein Intermezzo der Dankbarkeit, das den routinemäßigen Gang des Lebens unterbricht. Unser Leben besteht größtenteils aus Bewegung und Kampf. Die meisten unter uns bringen ihre Zeit mit Kriechen, Tasten, Klettern, manchmal auch mit Laufen zu, jedenfalls bleiben wir stets in Bewegung, wie ein Uhrwerk. Aber dann und wann stellt sich Freude ein und bringt die Bewegung zum Stillstand. Sie hält das eintönige Ticken unserer Lebensuhr an und verleiht uns die erfrischende Erkenntnis, daß wir eine Gabe empfangen haben. Es funktioniert am prächtigsten, wenn wir das Empfinden bekommen, unser eigenes Leben sei ein uns von Gott zugedachtes Geschenk. Für einen Augenblick zumindest verschwindet die peinigende Angst, das Leben bestehe womöglich nur aus Verletzungen und Zorn und aus all den Dingen, die uns das Gefühl geben, klein und dumm und verlogen zu sein. An ihre Stelle tritt das Empfinden, daß das Leben — jetzt, hier, heute — eine Gabe ist, die es wert ist, daß wir Gott dafür loben. Wenn es kommt, wenn sich dieses Gefühl, eine Gabe zu sein, einstellt, dann ist die Freude zu uns gekommen.

Freude ist Gott sei Dank mehr als ein Gotteserlebnis, obwohl es die allerhöchste Freude sein wird, bei ihm zu sein und seine Schönheit zu schauen. Keineswegs die geringste Gabe der Gnade ist die Freude am Geschöpf. Gott ist so groß, daß er es nicht nötig hat, unsere einzige Freude zu sein. Es gibt eine irdische Freude, eine Freude des äußeren, nicht nur des inneren Ichs, die Freude des Tanzens und nicht nur des Niederkniens, die Freude des Spielens und nicht nur des Betens. Jeder Augenblick, der uns dafür offen macht, daß das Leben in Wirklichkeit gut ist, ist ein Gleichnis für das höchste Ziel, für das wir geschaffen wurden.

Welches Recht haben wir auf Freude?

Freude ist unser Erbteil, unser Geburtsrecht. Wir brauchen uns nur noch durch den Geist Gottes für die Freude offen machen zu lassen; wir müssen sie nicht verdienen. Stellen wir unser Recht auf Freude in Frage? Dann sollten wir noch einmal auf das Wort Gottes hören. Gott hat unseren Tag, diesen Tag, gemacht und uns das Recht gegeben, ihn mit Dankbarkeit anzunehmen.

Dies ist der Tag! Nehmen wir es zunächst ganz wörtlich. Heute, jenes Quadrat auf dem Kalender, das einen weiteren Zeitabschnitt auf dieser Erde markiert. Heute, nicht gestern, nicht irgendeine mit Phantasievorstellungen durchsetzte Erinnerung an eine Zeit, in der die Kinder zu klein waren, um uns zum Weinen zu bringen, unser Ehepartner auf Liebe versessen war und wir selbst wie ein stattlicher Sieger aussahen. Heute, nicht morgen, nicht irgendeine erträumte Zukunft, in der wir uns dem Konkurrenzkampf endgültig entziehen können, in die höchste Steuerklasse eingestuft werden und endlich in einer neuen Karriere die Erfüllung finden. Nicht ein Tag, der im Gedächtnis glimmt, nicht ein Tag, der unseren Wunschvorstellungen entspricht, sondern dieser Tag, hier, jetzt, mit allen seinen Schmerzen, Schwierigkeiten und Strapazen. Dies ist der Tag! Gott hat ihn gemacht, uns unseren Platz darin zugewiesen, und wir haben ein unveräußerliches Recht darauf, uns daran zu freuen.

Damit hätten wir jedoch noch nicht recht gewürdigt, was „dieser Tag", von Gottes Standpunkt aus betrachtet, bedeutet. Der Psalmist richtete seinen Blick auf etwas

Größeres und Tieferes als einen Dienstag oder Freitag. Er sah den Tag des Heils, die Auferstehung Jesu Christi und all die neuen Möglichkeiten für jeden Tag, die sich daraus ergeben sollten, voraus. Darum ist mit „diesem Tag" das Leben gemeint, das der Herr möglich machte, indem er starb und auferstand und zum siegreichen Herrn eines jeden Tages wurde. Wir haben es hier nicht mit dem Anbruch eines neuen Tages auf dem Kalender zu tun, sondern eines neuen Zeitalters, einer neuen Schöpfung und somit einer neuen Hoffnung. Die Gabe der Hoffnung ist die Gabe der Freude. Sie haben ein Anrecht darauf, weil Gott den Tag gemacht hat, indem er seinen Sohn aus dem Grab auferweckte und ihn zum Herrn über Ihren Tag machte.

Gehen wir noch einen Schritt weiter. Wenn der Psalmist sagt, daß Gott diesen Tag gemacht hat, spricht er von mehr als einem zeitlichen Rahmen, einem Quadrat auf dem Kalender, einer Zwischenstufe im Einerlei des Lebens. Es geht ihm um unser Sein selbst. Unser *Leben* innerhalb dieses Tages ist der Tag, den Gott gemacht hat. Zeigen Sie auf sich selbst und sagen Sie: „Ich bin der, den Gott heute gemacht hat. Ich bin ein Geschenk Gottes an mich selbst und ich lobe ihn dafür, daß er mir mein Leben gegeben hat." Sagen Sie das, so legen Sie dem „Tag, den der Herr macht", seine tiefste Bedeutung bei. Wissen wir in unserem Herzen, daß wir ein besonderes Geschenk Gottes an uns selbst sind, dann wissen wir, daß wir die Besitzurkunde der Freude in Händen halten.

Wenn wir vom Recht auf Freude sprechen, sehen wir uns freilich einem schrecklichen Problem gegenüber. Mag sein, daß Freude unser gutes Recht ist, aber *ziemt sie sich* für den ernsten und empfindsamen Christen in unserer Zeit? Gehört es sich, ist es *angemessen*, daß reiche Christen nach Freude trachten, während Kinder verhungern? Ist es überhaupt anständig, Freude erleben zu wollen, während wir womöglich allesamt einer unsinnigen Nuklearkatastrophe entgegentreiben? Ist es nicht vielmehr obszön, sich in einer Welt, die mit so viel Schmerz erfüllt ist, Freude zu wünschen? Kann unsere Freude, so wenig davon einige unter uns auch haben mögen, ehrlich sein?

Ist unsere Freude ehrliche Freude, dann muß sie irgendwie mit der menschlichen Tragik im Einklang stehen. Daran kann man die Integrität der Freude prüfen: Ist sie mit dem Schmerz vereinbar? Oder ist Freude die billige Scharade einer oberflächlichen Gesellschaft von Lotosessern?

Nur das Herz, das Schmerz empfindet, hat Anspruch auf Freude. Nur wer Tränen vergießt, weil Kinder ohne Not sterben, hat das Recht, Gott für die Gabe des Lebens zu loben. Wir können die Gabe unserer Existenz in Wahrheit nur dann feiern, wenn wir zugleich einen Schmerzensschrei ausstoßen um der Menschen willen, deren Existenz von ständiger Erniedrigung und Ungerechtigkeit überschattet wird. Wir können mit unserem Tamburin rasseln, wir können in ekstatischer Verzükkung in tausend charismatischen Zungen reden, aber der ganze Lärm ist nichts als eigennütziges Gepolter, solange unsere Freude nicht durch das Elend der Leute Gottes in aller Welt gemäßigt wird. Ich fürchte mich vor einem Großteil unserer frommen Freude. Sie klingt mir zu sehr wie das Dolce vita der erretteten Seele, wie das Leben in einem geheiligten Vergnügungspalast weitab von der Realität der tragischen Umstände anderer.

Wenn ich mich frage, ob Freude in einer Welt, in der Tragisches endemisch ist, ein anständiges Gefühl sein kann, ermutigt mich der Eindruck, den Menschen machen, die dem Leid am nächsten stehen. So nehme ich an Mutter Teresa, deren Leben mit ihrem Dienst des Erbarmens an den Elenden verwoben ist, eine geheimnisvolle Freude wahr. Auch an Dom Helder Camara, der sich seit Jahren für die Elenden und Armen in Lateinamerika aufopfert, nehme ich eine kraftvolle Freude wahr. Ich fühle eine fast greifbare Freude in der Gegenwart von Erzbischof Desmond Tutu, der die Unterdrückkung seiner schwarzen Brüder und Schwestern in Südafrika fühlt.

Die Freude, die solche Leute ausstrahlen, erinnert mich daran, daß das Tragische keineswegs das letzte Wort hat. Die Welt, in der wir leben, gehört weiterhin meinem himmlischen Vater. Das Abendrot über dem Pazifik ist *sein* Abendrot, der dritte Satz von Mozarts Jupiter-Symphonie ist *seine* Musik, die liebevolle Berührung einer Hand ist *seine* Berührung, und die ausgestreckte Hand eines gekreuzigten Erlösers, die nach jedem Versagen einen Neuanfang möglich macht, ist seine Hand. Darum ist mein Leben immer noch seine gute Gabe an mich, auch inmitten der Schreie der Hungernden und der Sehnsüchte der Unterdrückten. Ich habe die Erlaubnis, mich zu freuen, auch in einer Welt voller Schmerz.

Freude muß ebenfalls mit dem Schmerz vereinbar sein, den ich in meinem Inneren verspüre. Freude ohne Schmerz zu versprechen, das wäre Spiegelfechterei, Irreführung, Betrug. Ist Freude legitim, so muß sie stets von Schmerz begleitet sein — was meines Erachtens durchaus möglich ist. Vielleicht findet man mehr Freude bei Paul Gerhardt als in St. Moritz. Vielleicht ist unsere Freude echter, wenn sie sich in den Interstitien des Schmerzes festsetzt, als wenn wir sie als Höhepunkt einer Vergnügungsreise erleben. Vielleicht müssen wir uns in diesem Leben immer „trotz irgend etwas" freuen. Die Freude eines Menschen, der einen nicht operierbaren Tumor im Gehirn hat, kann unendlich tiefer sein als das Vergnügen, am 18. Loch ein Birdie zu spielen.

Vor einigen Abenden amüsierte ich mich vor dem Einschlafen mit dem Versuch, mich an die glücklichsten Augenblicke meines Lebens zu erinnern. Ich ließ meinen Geist überall dorthin streifen, wohin er geführt wurde. Ich dachte daran, wie ich einst in einer Scheune von einem Dachsparren aus ins hoch aufgestapelte frischgemähte Heu hinabgesprungen war. Das war ein Augenblick höchsten Glückes. Aber irgendwie wurde ich auch dazu verleitet, an eine Szene zu denken, die sich vor einigen Jahren abspielte und, soweit ich mich erinnern kann, die schmerzlichste gewesen ist, die ich jemals erlebt habe. Unser erstgeborenes Kind wurde uns, so empfand ich's jedenfalls, von einer launenhaften Gottheit entrissen, die als „Gott" zu bezeichnen mir aufs heftigste widerstrebte. Ich kam mir vor, als wäre ich von einem kosmischen Hochstapler betrogen worden. Und eine Zeitlang dachte ich, das Lächeln werde mir nie wieder leichtfallen.

Aber dann — ich weiß nicht, wie — veränderte sich auf wunderbare Weise meine Perspektive. Mich überkam eine sonderbare, unaussprechliche Ahnung, daß mein Leben, unser Leben, immer noch gut war, daß das Leben gut *ist,* weil es uns *gegeben* wird, und daß seine Möglichkeiten weiterhin unermeßlich waren. Hinunter in die emotionalen Lücken, die nach dem Schmerz zurückgeblieben waren, senkte sich ein Gefühl des *Gegeben-Seins,* das durch nichts zu erklären ist; es kann nur als Gabe der Gnade *empfunden* werden. Meinem Herzen entstieg ein nicht zu unterdrückender Impuls, Gott für seine kostbare Gabe zu loben. Und somit hatte ich Freude — meinem Schmerz zum Trotz. Wenn ich Rückschau halte, kommt es mir vor, als hätte ich nie wieder ein so heftiges, so herbes und so hilfreiches Gefühl der Dankbarkeit, noch eine so tiefe, so ehrliche Freude erlebt.

Darum müssen wir uns vor Augen halten, daß Freude etwas anderes ist als Vergnügen; daß wir zwar über das Vergnügen froh sind, doch für die Freude leben; und daß Freude auch dann möglich ist, wenn das Vergnügen sich in Asche verwandelt. Können Sie sowohl Freude als auch Vergnügen haben, dann halten Sie an beiden fest! Indessen gehört die Freude in dieser Welt eher mit dem Schmerz zusammen. Am Ende ist Freude das Gefühl, daß es auch dann mit uns zum besten steht, wenn alles ganz schlimm zu stehen scheint.

Was hindert uns daran, Freude zu erleben?

Ist Freude in diesen bedrückenden Zeiten eine echte Möglichkeit für unser Leben? Können wir irgend etwas tun, um Freude herbeizuführen? Können wir uns auf sie vorbereiten – oder handelt es sich um eine Gabe, die uns immer wieder überrascht? Wir können in der Tat keine Freude produzieren. Aber wir können uns durchaus entschließen, die bereitliegende Gabe zurückzuweisen. Wir können uns der Freude verschließen. Wir können uns gegen sie verhärten. Wir können uns vom beständigen Trott des Alltags gefangennehmen lassen. Wir können so beschäftigt bleiben, daß wir die Freude aus unserem Leben verdrängen. Wir können das Leben als eine so feierliche Angelegenheit betrachten, daß wir sogar das Verlangen nach Freude verlieren.

Jeder von uns hat seine eigenen Methoden, Freude zu ersticken. Lassen Sie mich als erstes davon berichten, wie wir die Freude anderer ersticken. Wir ersticken die

Freude eines anderen, wenn wir ihm die Freude versagen, sein Geschenk, gleich welcher Art es sein mag, abzugeben, oder wenn wir uns weigern, jemanden in unserer Umgebung für dieses Geschenk dankbar sein zu lassen. Und wir ersticken die Freude eines anderen dann, wenn wir ihm das Gefühl vermitteln, seine Gabe sei nicht gut genug.

Diesen Punkt möchte ich mit einer schrecklichen Geschichte veranschaulichen. Sie handelt von meiner ältesten Schwester und von einem Geschenk, das sie mir einst machte. Sie ist das einzig wirklich talentierte Mitglied meiner Familie, und ihr Talent besteht darin, für andere hervorragende Kleidungsstücke zu nähen. Als ich sie vor einiger Zeit in Michigan besuchte, fiel mir die hübsche Jacke auf, die ihr Sohn anhatte. Ich sagte ihm, wie gut mir die Paßform gefiel, und er erwiderte: „Mutter hat sie für mich genäht." „Großartig", sagte ich. „Soll ich dir eine ähnliche Jacke nähen?" fragte sie. Ich fragte mich, ob das denn möglich sei. „Aber natürlich, kein Problem." Also nahm sie bei mir Maß und sagte, ich solle ihr soundso viele Meter vom Wollstoff meiner Wahl zuschicken. Bei meinem nächsten Besuch in Michigan werde die Jacke fertig sein. Nun, ich tat es, aber nicht ohne erhebliche Zweifel: Wie könnte sie mir überhaupt passen?

Einige Monate später führte mich irgendeine Pflicht nach Michigan — ich kann mich aber beim besten Willen nicht mehr entsinnen, worum es ging, denn meine Gedanken kreisten nur um die Jacke und um die Furcht, meine Schwester könne enttäuscht sein, wenn sie nicht paßte. Ich hielt mich bei meiner Mutter im Wohnzimmer auf und beobachtete aus dem Fenster, wie meine Schwester vorfuhr, aus dem Auto ausstieg und, die goldfarbene Jacke über den Arm gehängt, die Treppe zur Haustür hinaufstieg. Sie trat ein; wir tauschten Höflichkeiten aus, aber nicht lange, denn die Spannung war unerträglich.

Ich zog die Jacke an. Ich drehte mich um, zeigte sie von vorn, von der Seite, von hinten. Ich warf einen Blick in den Spiegel. Und ich erkannte, daß sie mir paßte. O Wunder über Wunder, sie paßte; *gloria in excelsis Deo,* sie paßte! Ich erkannte in den Augen meiner Schwester das Licht der Freude. Sie hatte ihr Geschenk geschaffen und es mir gegeben. Ich hätte sie am liebsten an den Händen gepackt und vor Dankbarkeit mit ihr einen Freudentanz durchs ganze Zimmer aufgeführt. Aber dann — und dies ist das Schreckliche an der Geschichte — meldete sich aus einem gepolsterten Sessel in der Ecke die zittrige Stimme meiner Mutter: „Ich mag die Farbe nicht leiden."

Irgend etwas in meiner Mutter hatte das Bedürfnis, unsere Freude zu ersticken. Nun, ich wage es nur, in einem solchen Zusammenhang meine fromme Mutter zu erwähnen, weil ich weiß: Wenn sie es fertigbringen konnte, die Freude eines ihr nahestehenden Menschen zu ersticken, dann bin auch ich dazu in der Lage. Man entdecke nur einen einleuchtenden Grund, warum jemand, den man kennt, einfach nicht froh sein sollte, das zu geben oder zu empfangen, was auch immer er zu geben bereit oder zu empfangen bedacht ist. Man erlaube es diesem einzigen begründeten Einwand, den herrlichen Augenblick des Gebens und des Dankens zu überlagern — und schon hat man die Freude erstickt. Und wer die Freude erstickt, der löscht die helleuchtendste Gabe aus, die das Leben zu bieten hat.

Sprechen wir also jetzt darüber, wie wir die eigene Freude ersticken. Wie ich meine, haben wir alle unsere ganz speziellen, für das Ersticken von Freude zuständigen Dämonen. Auf die Gefahr hin, eine Indiskretion zu begehen, möchte ich jetzt die Namen meiner drei schlimmsten preisgeben.

Die Gier nach Tugend. Dies ist der Dämon, der die Menschen mit dem Verdacht geißelt, sie seien möglicherweise nicht tugendhaft genug, um Freude zu verdienen. Er treibt sie in eine irrsinnige, aussichtslose Suche nach einer Tugendhaftigkeit, die sie zu der Überzeugung berechtigen würde, mit ihnen sei in Wirklichkeit alles in Ordnung. Aber der Weg zur Freude führt nicht über die Tugend. Daß die Tugend ihren eigenen Lohn nach sich zieht, ist die albernste Irrlehre, die jemals unter den Erwählten in Umlauf gekommen ist. Ich darf Ihnen vertraulich mitteilen, daß ich persönlich mehrere schwere Anfälle von Tugendhaftigkeit überstanden habe, ohne jemals einen Lohn dafür zu erhalten. Die Tugend, mit der wir uns Freude verdienen könnten, ist nichts als eine Schimäre, eine Fata Morgana: Sie bleibt ständig außer Reichweite. Unser Trachten treibt uns nur in die Wüste der Verzweiflung.

Die Tugend verlangt uns zuviel ab. Der Versuch, tugendhaft genug zu sein, um sich der Freude würdig zu erweisen, ähnelt dem Versuch, die Erde in die Höhe zu hieven, ohne einen festen Platz zum Auftreten zu haben. Die Anstrengung beraubt uns gerade der Freude, die wir verdienen wollen.

Zudem wollen die meisten nach Tugend gierenden Menschen in Wirklichkeit nicht tugendhaft sein, sondern nur den Ruf haben, es zu sein. Und da wir unseres Leumunds nie sicher sein können, haben wir eine Heidenangst, jemand könnte unsere Schwachstellen ausspähen und herausbekommen, daß wir Schwindler sind. Die Gier nach Tugend ist schon immer das Saatbeet der Täuschung und der Angst gewesen. Noch schlimmer ist, daß wir unter Umständen trottelhaft genug sind, um an unsere eigene Tugendhaftigkeit zu glauben, und in diesem Wahn machen wir nicht nur uns selbst lächerlich, sondern langweilen unsere Freunde zu Tode.

Nach Tugend gieren heißt die Gnade in unserem Leben leugnen. Und das Leugnen der Gnade ist das effektivste Mittel von allen, die Freude zu ersticken.

Der Wahn, für alles verantwortlich zu sein. Einige unter uns geben sich der Illusion hin, sie müßten für alle Übel dieser Welt Rechenschaft ablegen. In unserer albernen Überheblichkeit begehen wir die Dummheit anzunehmen, daß Gott von uns verlangt, auf unseren schmalen Schultern eine Last zu schleppen, die zu tragen nur Jesus in der Lage ist. Aber der Wahn, für alles verantwortlich zu sein, ist der besondere Dämon sensibler und moralischer Menschen. Er verleitet uns dazu, uns für jeden Unterdrückten, für jedes hungrige Kind und für jedes Opfer des Rassenhasses voll verantwortlich zu fühlen. Sind wir Eltern, dann bestehen wir darauf, für alles, was unsere erwachsenen Kinder tun, die Verantwortung zu übernehmen, indem wir die Schuld für ihr Versagen auf uns nehmen und die Ehre für ihre Erfolge einheimsen. Je feinfühliger wir sind im Hinblick sowohl auf die Sorgen anderer als auch auf unsere eigene Verantwortung, desto anfälliger sind wir für den Wahn, für absolut alles verantwortlich zu sein, und desto wahrscheinlicher werden wir vergessen, daß nur Gott unendlich ist und wir selbst nur begrenzt sind.

Es gibt eine wunderbare Anekdote über Papst Johannes XXIII. Ein besorgter Kardinal drängelte ihn einst, etwas Entscheidendes zu unternehmen, um den ungelösten Tragödien der modernen Welt entgegenzuwirken. Daraufhin legte der Papst einen Arm um den nörgelnden Nuntius und versicherte ihm, auch er kenne die Versuchung, sich für die ganze Welt verantwortlich zu fühlen.

Ihm sei es persönlich eine Hilfe gewesen, meinte der Papst, als ihm nachts im päpstlichen Schlafzimmer ein Engel mit den Worten erschienen sei: „Heda, Hannemann, nimm dich selbst nicht so ernst." Offen gesagt, brauche ich des öfteren einen freundlichen Engel wie den von Papst Johannes.

Die Neigung, aus Problemen Katastrophen zu machen. Mein dritter Dämon ist dafür zuständig, mich meine Schwierigkeiten so lange aufblähen zu lassen, bis sie die Größe einer Katastrophe annehmen. Jedesmal, wenn ich vor einem schwierigen Problem stehe, vermittelt er mir das Gefühl, es sei ein ganz massives Unglück. Gott wandelt Katastrophen in Probleme um; mein Dämon verleitet mich dazu, bloße Probleme als riesige Katastrophen einzustufen. Wenn Sie diesen Dämon mit mir teilen, haben wir einen gemeinsamen Miesmacher, der am laufenden Band unsere Freude erstickt. Wir überziehen unser Girokonto und schon stehen wir vor dem finanziellen Ruin; wir erfahren, daß unsere Tochter Marihuana geraucht hat, und schon sind alle unsere Kinder verdorben; eine heftige Auseinandersetzung mit unserem Ehepartner und schon sind wir bereit, die Scheidung einzureichen. Wenn unser Dämon die Oberhand gewinnt, geraten wir aus dem Gleichgewicht; der Dämon macht uns ganz konfus.

Einige unter uns sind katastrophale Hypochonder. Jeder Schmerz in der Brust ist die Koronarthrombose, die wir uns schon seit längerem andichten, hinter jedem Anfall von Grippe vermuten wir eine tödliche Lungenentzündung. Der Dämon namens Hypochondrie stiehlt uns die Freude und ersetzt sie mit Panik.

Als mein ältester Sohn noch sehr jung war, neigte auch er dazu, seine Probleme mit Hilfe der Hypochondrie und einer gehörigen Portion Theatralik in Katastrophen umzuwandeln. Eines Tages schnitt er sich versehentlich die Wange auf. Als er das Blut hinuntertropfen sah, geriet er in Panik: „Ich sterbe, ich sterbe!" Dann legte er mit einem Gefühl für das Timing, das einem Bob Hope zur Ehre gereicht hätte, eine Pause ein und schrie: „Ich bin schon tot!" Nun, ein wenig Rationalität reichte aus, um ihn zu überzeugen, daß, wer einen derart ausgeprägten Sinn fürs Dramatische habe, sicher im Land der Lebendigen sei. Aber der Dämon der Hypochondrie findet bei vielen unter uns Eingang; und wenn das geschieht, ist es auch um unsere Freude geschehen.

Einige unter uns stilisieren jedes *geistliche* Versagen zu einer Katastrophe hoch. Wir machen nicht nur Fehler, wir sind auch nicht mit dem Eingeständnis zufrieden, daß wir dann und wann etwas verkehrt anpacken; wenn wir in Sünde fallen, sind wir nur noch geistliches Ödland. Nur ein Versagen — und schon wäre es besser, es würde uns ein Mühlstein um den Hals gehängt. Wenn ich selbst in diesen freudlosen Abgrund gerate, spricht mich mein Dämon in der alten Sprache der Shakespeare-Zeit an: „O du schwächliche Memme, sicher steckt in dir kein Funke geistlicher Vollmacht; schäm dich, du törichter Nichtsnutz, denn für solch einen Wurm gibt es keine Hoffnung." Dann kommt Gott und rückt das Ganze wieder in die richtige Perspektive: „Paß auf, Freundchen, deine Wutausbrüche machen dir noch Probleme. Laß uns doch zusammen daran arbeiten, sie zu überwinden!" Der dämonische Miesmacher stellt jedes geistliche Versagen als die endgültige Verwerfung der Seele, jedes Problem als eine hoffnungslose Katastrophe hin. Der Herr aber wandelt die Katastrophe wieder in Probleme um, mit denen wir fertigwerden können.

Darum: Hinaus mit diesem Dämon! Unsere Probleme in Katastrophen zu verwandeln, heißt, vor dem Chaos die Waffen zu strecken und zu leugnen, daß Gott in unserem Leben am Werk ist. Der Geist Gottes ruft uns zu der Überzeugung, daß echte Katastrophen mit Gottes Hilfe in Probleme verwandelt werden können. Wie albern stellen wir uns also an, wenn wir uns wie gescheiterte Existenzen vorkommen, wiewohl wir nur das Leben geprüft und die Erfahrung gemacht haben, daß es ein wenig hart sein kann.

Ich glaube nicht, daß wir uns das Recht auf Freude verdienen können. Freude ist und bleibt eine Gabe, die uns vom Geist der Freude verliehen wird. Freilich können wir einige der Dämonen erkennen, die unsere Freude ersticken. Und wir können zulassen, daß Gott sie austreibt.

Vielleicht der schlimmste Fehler, den wir begehen können, ist der, über die Freude zu reden, statt sie sich ereignen zu lassen. Darauf weist Dostojewski in seiner Erzählung vom „Traum eines lächerlichen Menschen" hin[3]. Im folgenden gebe ich meine Version dieser Erzählung wieder. Es gab einmal einen Mann, einen armen Wicht, der sich entschlossen hatte, die Menschen um sich herum dadurch zu bestrafen, daß er Selbstmord verübte — die endgültige Methode, sich an anderen zu rächen. Er bestimmte einen gewissen Abend für seinen Exitus. Dann, als es so weit war, lud er seinen Revolver, setzte sich an seinen kümmerlichen kleinen Tisch, bereitete sich gedanklich auf die Tat vor — und schlief mit dem Revolver in der Hand ein. In einen tiefen Schlaf versunken, träumte er einen phantastischen Traum.

Er wurde in eine andere Welt versetzt, eine Welt, die der unseren sehr ähnlich war, nur waren die Menschen dort in einem wichtigen Punkt anders als wir: Sie alle waren ohne Ausnahme stets von Freude erfüllt. Der Träumer beobachtete sie und fing an, sich zu wundern. Wie konnten sie solch eine Freude haben? Er ging zu den

Männern hin und fragte sie nach dem Geheimnis, das hinter ihrer Freude steckte. Und die Männer antworteten allesamt: „Freude? Das Wort kennen wir überhaupt nicht." Also ging er zu den Frauen: „Erzählt mir doch bitte, welches Geheimnis·hinter eurer Freude steckt." „Wie können wir es dir sagen, wenn wir nicht einmal wissen, wovon du redest?" Und sie lächelten ihn an und sagten, sie könnten mit seinen sonderbaren Worten nichts anfangen.

Dadurch wurde ihm klar, daß Menschen, die Freude haben, es nicht nötig haben, sie zu verstehen. Sie sind einfach freudig. Aber dann passierte etwas Furchtbares. Er wühlte sie mit seinen Fragen so sehr auf, daß sie anfingen, über die Freude nachzudenken. Sie begannen über Freude zu reden. Sie begannen, ganze Nächte durch über das Thema zu diskutieren. Sie gewährten einer Anzahl Gelehrter einen bezahlten Sonderurlaub, damit sie theoretische Abhandlungen über die Freude abfassen könnten. Kurz, sie faselten darüber in einem fort und begannen auch Lieder darüber zu schreiben. Und zu seinem Entsetzen merkte der Träumer, daß sie während des Palavers ihre Freude verloren. Er hatte sie zu Fall gebracht!

Als er erkannte, was für eine scheußliche Tat er begangen hatte, begann der Träumer den Leuten zu predigen. Er versuchte, ihnen klarzumachen, daß es ein großer Fehler gewesen sei, sich der Verzweiflung zu überlassen. „Ihr sollt nicht über Freude reden — ihr könnt doch Freude haben. Schreibt keine Aufsätze über Freude, sondern freut euch einfach! Was ihr von der Freude haltet, ist nicht so wichtig. Die Gabe der Freude liegt vor der Tür. Ihr braucht sie nur zu ergreifen!"

Aber diese Menschen, die im Zustand der Unschuld von Freude besessen gewesen waren, erwiderten: „Du bist ein lächerlicher Mensch, und dein Gerede ist der

Traum eines lächerlichen Menschen." Und sie wandten sich wieder ihren bombastischen Ansprachen zu. Einige verzweifelten sogar am Leben und fielen dem Tod anheim. Sie hatten die Wirklichkeit der Freude gegen leere Worte über die Freude eingetauscht.

Zu einem anderen Zeitpunkt und an einem anderen Ort kam ein anderer Mensch, Jesus Christus, und redete mit uns über vielerlei Dinge. Kurz bevor er uns wieder verließ, sagte er: „Das alles habe ich euch gesagt, damit meine Freude in euch bleibe und eure eigene Freude vollkommen sei" (Johannes 15,11). Und jetzt kommt sein Geist zu uns und gibt uns die Kraft zu glauben, daß Freude unser Geburtsrecht ist, weil der Herr diesen Tag für uns gemacht hat. Haben wir die Kraft, unseren Tag als sein Geschenk an uns *anzunehmen*, dann sind wir bereits in unsere Villa der Freude eingetreten und haben dabei noch einen Weg entdeckt, wie das Leben auch dann gut sein kann, wenn alles wirklich traurig aussieht.

Anmerkungen

[1] So nach dem im Jahre 1647 von englischen und schottischen Theologen gemeinsam erarbeiteten Kleinen Westminster-Katechismus (Frage 1).

[2] John Bunyan, *Pilgerreise zur seligen Ewigkeit* (Lahr-Dinglingen: St.-Johannis-Druckerei, 1990), S. 49 f. Die englische Originalausgabe erschien 1678 – 1684 unter dem Titel „The Pilgrim's Progress from this World to that which is to Come."

[3] In: Fjodor M. Dostojewski, *Sämtliche Erzählungen*. Aus dem Russischen übertragen von E. K. Rahsin (München: R. Piper, 1984).

3. Sie können auf einen Neubeginn setzen — und gewinnen

Die Gabe der Vergebung

Wenn wir unsre Sünden bekennen, so ist er treu und gerecht,
daß er uns die Sünden vergibt ...
(1. Johannes 1, 9; rev. Lutherübers.)

Jeder, der sich Michael Christophers unvergeßliches Bühnenstück *Der schwarze Engel* ansieht, wird mit dem — sieht man einmal vom eigenen Tod ab — schmerzlichsten Thema überhaupt konfrontiert: der Vergebung. Was tun wir, wenn wir einem anderen vergeben? Was empfangen wir, wenn ein anderer uns vergibt? Was geht zwischen zwei Menschen vor, wenn der eine vergibt und dem anderen vergeben wird? Und warum bedarf es eines Wunders, um Vergebung zustande zu bringen?

Hauptfigur in Christophers Stück ist ein ehemaliger General der deutschen Wehrmacht namens Engel. Engel versucht, unweit eines kleinen französischen Dorfes für sich und seine Frau einen Neubeginn zu ermöglichen. Er hat eine 30jährige Haftstrafe abgesessen, zu der er von einem Nürnberger Kriegsgericht verurteilt wurde. Jetzt baut er sich — wie er hofft, unerkannt und vergessen — eine Hütte in den Bergen. Seine Vergangenheit mit ihrer entsetzlichen Schuld liegt für immer hinter ihm, abgebüßt durch die drei verlorenen Jahrzehnte im Gefängnis. Er möchte alles vergessen. Er hat das Recht auf einen Neubeginn verdient.

Aber ein französischer Journalist namens Morrieaux kann nicht vergessen. Seine ganze Familie fiel in den ersten Kriegstagen einem Massaker zum Opfer, als das Dorf, in dem sie wohnte, von Engels Truppen überfallen wurde. Die Soldaten erschossen sämtliche Dorfbewohner, ohne Ausnahme. Nein, Morrieaux kann nicht vergessen.

Er sinnt seit 30 Jahren auf Rache. Wenn das Nürnberger Gericht Engel nicht zum Tode verurteilen konnte, dann wird Morrieaux eine private Todesstrafe über ihn verhängen. Und jetzt, nach 30 Jahren, ist die Zeit dafür gekommen. Er geht in das nahegelegene Dorf, um bei den ́Radikalen und Wahnsinnigen Haß und Furcht zu schüren. Es gelingt ihm, denn sie schmieden Pläne, auf den Berg zu steigen, Engels Hütte in Brand zu setzen und den einstigen General meuchlings zu ermorden.

Aber Morrieaux hat noch einige offene Fragen, auf die er Engels Antworten hören möchte. Also geht er einige Stunden vor dem geplanten Anschlag in die Hütte, stellt sich dem erschütterten Engel vor und bringt den ganzen Nachmittag mit einer eindringlichen Befragung des alten Mannes zu. Er muß die ganze scheußliche Geschichte in allen ihren Einzelheiten in Erfahrung bringen, ehe Engel seine Geheimnisse mit ins Grab nimmt. Aber während sich die nachmittägige Befragung hinzieht, beginnt Morrieauxs Rachsucht ihm sauer aufzustoßen. Zum erstenmal seit 30 Jahren bekommt Morrieaux Zweifel; er dringt in Engels Seele ein und reißt dabei die eigene Seele in Stücke. Morrieaux besinnt sich eines anderen. Er warnt Engel vor den Plänen der Dorfbewohner, ihn in jener Nacht zu überfallen, und erbietet sich, ihn in Sicherheit zu bringen.

Der General läßt eine lange Minute vergehen, ehe er seine Antwort gibt. Ja, er werde mitgehen, sagt er, aber nur unter *einer* Bedingung: daß Morrieaux ihm verzeihe. Morrieaux sieht sich jedoch dazu nicht in der

Lage. Er kann ihn zwar retten, will ihm aber niemals verzeihen.

Noch in der gleichen Nacht rotten sich die Dorfbewohner zusammen und fallen über Engel her. Sie kommen mit dem feigen Mut eines gesichtslosen Pöbels, einem Mut, den ihnen die Kapuzen verleihen, mit denen sie ihre gemeinen Gesichter vermummen. Sie brennen die Hütte nieder und erschießen Engel samt seiner Frau.

Das Stück läßt uns nach Antworten zum Thema Vergebung lechzen. Wonach verlangte Engel mehr als nach dem Leben selbst? Was benötigte er so sehr, daß er lieber sterben wollte, als darauf zu verzichten? Was war das Eine, über die Vergeltung Hinausgehende, das zu gewähren Morrieaux nicht die Kraft hatte? Worum handelt es sich bei diesem Wunder, das wir Vergebung nennen?

Hören Sie noch einmal auf die Zusage des Wortes Gottes: „Wenn wir unsre Sünden bekennen, so ist er treu und gerecht, daß er uns die Sünden vergibt ..." Das Wort sagt uns, daß wir uns darauf verlassen können, daß Gott uns vergibt; es geht um die nie versagende Freiheit Gottes, das zu tun, wozu Morrieaux nicht imstande war. Aber die Vergebung, die Gott gewährt, ist ein Muster dessen, was sich zwischen zwei einander entfremdeten Menschen abspielen kann. Die Dynamik bleibt sich gleich. Gott weist den Weg.

Beachten Sie die enge Verbindung, die zwischen Bekennen und Vergeben besteht. „Wenn wir bekennen, so vergibt er." Sie werden sich unglücklich machen, wenn Sie diesen Worten eine Bedeutung beilegen, die sie nicht haben. Die Bibel sagt *nicht,* wirklich nicht, daß uns, wenn wir nicht bekennen, nicht vergeben wird. Sie sagt lediglich, daß uns, wenn wir unsere Sünden bekennen, die Vergebung ganz gewiß zuteil wird. Wie Gott mit Sünde umgeht, die nicht bekannt wird, ist die Privatangelegenheit seines unendlichen Erbarmens. Wir haben es hier ausschließlich mit der sicheren, garantierten, risikofreien Zusage zu tun: „Wenn *wir* bekennen, so vergibt er."

Da das erste Wort im Dialog der Vergebung „bekennen" heißt, müssen wir nicht nur eine, sondern zwei Fragen stellen. Ein Bekenntnis — was ist das? Und dann erst: Was ist Vergebung?

Ein Bekenntnis — was ist das?

Sünde zu bekennen, ist etwas anderes, als über Sünde zu reden. Wären das Reden über Sünde und das Bekennen von Sünde ein und dasselbe, dann würde unsere Gesellschaft eine wahre Orgie des Bekennens feiern. Kein Volk auf Erden hat je so offen ausgepackt wie wir. Prominente Persönlichkeiten laufen um die Wette zum Verleger, um ihre schlüpfrigen Schilderungen heimlicher Sünden veröffentlichen zu lassen, so als könnten sie es kaum abwarten, einem neugierigen Publikum ihren privaten Klatsch mitzuteilen. Aus der Überzeugung heraus, daß wir zu einem Volk von Voyeuren geworden sind, verdienen viele ein Vermögen. Ich habe mir einmal, als ich im Auto unterwegs war, die Hörersprechstunde eines populären Psychologen angehört und mich über die Bereitschaft der Leute gewundert, ihre privaten Verfehlungen nicht nur ihrem Talkshow-Therapeuten preiszugeben, sondern auch den Millionen, die sie dabei belauschen. Aber das Ausplappern von Geheimnissen darf nicht mit dem Bekennen von Sünde verwechselt werden. Wer aus der Schule plaudert, der bekennt noch lange nicht seine Sünden.

Zweitens: Sünde zu bekennen, ist etwas anderes, als unsere Sünde zu erklären. Ich bin im Normalfall gern bereit, meine Fehler zu erklären. Ich möchte, daß jeder Verständnis für mich aufbringt und die mildernden Umstände, die zu meinen allzu begreiflichen Fehltritten führten, recht zu würdigen weiß. Ich möchte die Welt wissen lassen, daß ich kein mieser Kerl bin; in Wirklichkeit bin ich nur das Opfer einiger verhängnisvoller Neurosen. Wenn man nur wüßte, wie sehr ich in meiner Kindheit benachteiligt wurde, wenn man nur begreifen könnte, wie schwer es mir fällt, meine Leidenschaften zu zügeln, dann würde man mir mein absonderliches Verhalten nachsehen. Ich kann alles erklären. Ex-General Engel lieferte an jenem Nachmittag auf dem Berg einige eingehende Erklärungen; Morrieaux müsse doch wissen, wie es war, unter diesem Idioten Adolf Hitler General zu sein. Erklärungen, ja, aber kein Bekenntnis.

Drittens: Ein Bekenntnis ist etwas anderes als Realismus im Blick auf die Sünde. Wenn Realismus und Bekennen ein und dasselbe wären, dann wären wir Amerikaner unübertroffene Meister im Bekennen. Kein anderes Volk hat je eine solche Bereitschaft aufgewiesen, soviel Geld auszugeben, um sich, ohne mit der Wimper zu zucken, die Schattenseiten der menschlichen Natur anzusehen. Der bekannte Psychologe Dr. Karl Menninger schrieb vor einigen Jahren ein Buch mit dem Titel *Whatever Became of Sin?* (Was ist aus der Sünde geworden?) Darin forderte er uns auf, im Blick auf die Sünde zu einem ehrlichen Realismus zurückzukehren. Als ich jedoch das Buch durchblätterte, fiel mir auf, daß zwei Begriffe völlig fehlten: Sündenbekenntnis und Vergebung. Realismus macht uns redlich, robust und nüchtern. Aber Realismus im Blick auf die Sünde ist nur der Auftakt zum Bekennen und öffnet dem Wunder der Vergebung noch nicht die Tür.

Nun, wenn das Bekennen nicht mit dem Auspacken,

nicht mit Erklärungen und nicht mit Realismus gleichzusetzen ist, dann müssen wir uns fragen: Was ist ein Bekenntnis überhaupt? Zu einem echten Bekenntnis gehören meines Erachtens drei Bestandteile, und wenn wir auch nur einen von ihnen weglassen, bringen wir unser Bekenntnis um ihre Wirkung.

Ein Bekenntnis beinhaltet erstens ein Eingeständnis unserer Verantwortung. Lassen Sie mich Ihnen gegenüber einräumen, daß ich, je älter ich werde und je mehr Tragisches ich erlebe, desto fester davon überzeugt bin, daß häufiger gegen uns gesündigt wird, als daß wir selber sündigen — daß wir häufiger Opfer sind als Täter. Wir sind das Opfer vieler Mächte, und keiner kann sagen, in genau welchem Ausmaß unser Wille für das verantwortlich ist, was wir zu tun beschließen. Ich weiß nicht, inwieweit Sie den anämischen Genen und Chromosomen, die Sie geerbt haben, oder der verdrehten geistigen Prägung, die man Ihnen als Kind mitgegeben hat, die Schuld zuschieben können. Doch bin ich mir dessen sicher: Irgendwo innerhalb der persönlichen Dynamik dessen, was Sie Falsches tun, irgendwo in Ihrem Geist und Ihrem Willen treffen Sie eine Entscheidung, für die nur Sie zur Rechenschaft gezogen werden können. *Sie* haben einen Entschluß gefaßt, *Sie* haben gehandelt und *Sie* sind dafür verantwortlich. Es liegt nicht an meinem Vater, nicht an meiner Mutter und nicht daran, wie schnell ich als Kind sauber wurde, sondern „it's me, O Lord, standing in the need of prayer" (ich selbst bin auf das Gebet angewiesen). Und ich habe erst dann ein Bekenntnis abgelegt, wenn ich für das Unrecht, das ich meinem Nächsten oder meinem Gott zufüge, die Verantwortung übernehme.

Ein Bekenntnis beinhaltet zweitens geteilten Schmerz. Wenn ich dir von Herzen bekenne, daß ich dich verletzt habe, sage ich dir im Grunde: „Der Schmerz, den ich dir bereitet habe, tut jetzt auch mir weh. Ich spüre den Schmerz, den ich dir zugefügt habe. Ich habe dich verwundet und fühle mich jetzt wegen der Wunden, die ich dir zugefügt habe, selbst wund. Ich teile deinen Schmerz." Das Bekennen beginnt erst da, wo der Schmerz geteilt wird; schmerzloses Bekennen ist nichts als Heuchelei, ein Widerspruch in sich selbst.

Es fällt uns allerdings nicht leicht, den Schmerz, den wir einen anderen haben fühlen lassen, selbst zu spüren. Tatsache ist, daß wir uns mit Händen und Füßen gegen diesen Schmerz wehren. Und unsere Gründe sind beinahe stichhaltig. Als ich die Verletzung verursachte, übte ich schließlich nichts Geringeres als Gerechtigkeit. Na ja, vielleicht war es doch Vergeltung. Aber es geschah dem anderen auf jeden Fall recht. Warum sollte er es nicht zu spüren bekommen? Nachdem ich meinen ganzen Mut zusammengenommen und ihm die Wahrheit auf den Kopf zugesagt hatte, wußte ich, daß ich in meiner Wut rein war. Schließlich hat er mehr als genug dazu beigetragen, mich unglücklich zu machen. Deshalb wollte ich ihm, als ich ihm endlich die Meinung geigte, an die Kehle. Ich wollte nur den Schmerz ausgleichen, den er mir vorher zugefügt hatte. Ich habe mit ihm abgerechnet, mehr nicht. Darum habe ich gar kein Bedürfnis, seinen Schmerz zu spüren. Warum sollte ich auch?

Auf diese Weise errichten wir Barrikaden gegen unsere eigene Schuld, und es braucht sowohl Zeit als erstaunliche Gnade, wenn wir weit genug durch unsere Verteidigungsanlagen vordringen wollen, um die Wirklichkeit zu orten. Ich habe eine Seele, ein Kind Gottes, einen zerbrechlichen Menschen verletzt und ihn in seinem Blut liegen lassen. Vielleicht hilft mir jemand, wenigstens die Randgebiete dessen, was ich angerichtet habe, wahrzunehmen und mir darüber klarzuwerden, wie brutal meine Gier nach dem Vergnügen, dem anderen Schmerz zu bereiten, und wie gemein meine Vergeltung tatsächlich gewesen sind. Und wenn ich dann soweit bin, könnte ich es mir vielleicht erlauben, wegen meiner verflixten Angriffslust ein wenig Widerwillen zu verspüren.

Indessen: Wenn ich ein Bekenntnis ablegen will, muß ich weitergehen. Ich muß mir ausmalen, wie es für den anderen gewesen sein muß, als ich ihn in meiner grenzenlosen Wut drangsalierte. Ich muß mich so fühlen, wie er sich gefühlt hat, als meine bösen Worte ihn in das furchtbare Verlies des Nicht-geliebt-Seins — ja, für den Augenblick zumindest, des Hasses — hinunterstießen. Wenn ich anfange, das Gift meiner Vergeltung zu riechen und dann zu schmecken, bin ich beinahe fürs Bekennen qualifiziert. Lassen Sie sich Zeit; gestatten Sie, daß der Schmerz, den Sie dem anderen durch Ihre Worte und Ihre Gemeinheit zugefügt haben, Ihnen allmählich in die Seele sickert. Ist es einmal soweit, dann werden Sie imstande sein, mit der Redlichkeit, die einem geteilten Schmerz entspringt, jene wunderbaren, heilenden Worte zu sprechen: „Es tut mir leid."

Ein Bekenntnis beinhaltet drittens, daß wir auf die Gnade setzen. Welch ein ungeheures Risiko nehmen wir auf uns, wenn wir unsere Schuld bekennen! Und wie hoch ist manchmal der Einsatz! Wie können wir sicher sein, daß der, den wir verletzt haben, über die nötige Kraft und Gnade verfügt, um uns zu vergeben? Woher wissen wir, daß er sich nicht, wenn wir ihm unsere reuige Seele restlos offenbaren, ihr häßliches wahres Gesicht anschaut und uns die Tür vor der Nase zuschlägt? Wenn wir bekennen, geben wir zu, daß ein anderer gute Gründe hat, sich gegen uns zu wenden; einzig die Kraft der Gnade kann es verhindern. Welch ein Risiko!

Die Titelgestalt in Thomas Hardys klassischem Roman *Tess von den d'Urbervilles*[1] ist eine junge Braut, die ihr Glück und ihre ganze Zukunft auf die Fähigkeit ihres eben erst angetrauten Ehemannes setzt, gnädig zu sein. Sie riskiert alles, indem sie ihm in ihrer Hochzeitsnacht von einem tragischen Fehler in ihrer Beziehung zu einem anderen Mann berichtet. Aber während sie beichtet, wird sein Blick starr und sein Körper steif, und seine Lippen werden schmal. Ihm fehlt die Gnade, die ihn stark genug machen würde, ihr zu verzeihen. Sie hat auf seine Liebe gesetzt und verloren — und dabei das eigene Leben verspielt. Ein Bekenntnis bedeutet, daß wir auf die Gnade setzen.

Zu einem Bekenntnis gehört also das Eingeständnis eigener Verantwortung, die Erfahrung geteilten Schmerzes und die Bereitschaft, auf die Gnade zu setzen. Sind diese drei Elemente vorhanden, dann kann jedes Schuldbekenntnis ein Wunder auslösen, ein Wunder, das die Mauer niederreißt, die Sie vom anderen trennt, und eine Brücke baut, über die Sie wie er zur gegenseitigen Vergebung gelangen können.

Worum handelt es sich also bei diesem Wunder, das sich zwischen zwei Menschen abspielt, wenn der eine seine Schuld bekennt und der andere ihm vergibt?

Was ist Vergebung?

Es gibt mindestens zwei Dinge, die wir mit Vergebung nicht verwechseln dürfen.

Erstens: Das Vergeben darf nicht mit dem Vergessen verwechselt werden. Das Vergessen ist weder schwer noch schmerzhaft. Wir vergessen Dinge, die uns sowieso nicht viel ausmachen. Man braucht kein Wunder der

Gnade, um vergessen zu können. Alles, was man dazu braucht, ist ein schlechtes Gedächtnis — oder eine so große Angst vor der Wirklichkeit, daß man den häßlichen, aus der Vergangenheit herrührenden Schmerz in die dunkle Grube seines Unterbewußtseins hinabstößt. Gott vergißt nicht. Wenn er vergessen könnte, hätte er niemals das Kreuz von Golgatha auf sich genommen. Vergeben und Vergessen sind nicht dasselbe. Vergeben heißt sich erinnern und dennoch vergeben.

Zweitens: Vergebung darf nicht mit Nachsicht verwechselt werden. Wir alle verdienen eine Menge Nachsicht, wenn wir uns ein wenig verrückt verhalten. Mildernde Umstände! Wer alles versteht, entschuldigt alles! Jeder, der über ein Gramm Mitgefühl verfügt, wird gern bereit sein, sein Urteil über mich auszusetzen, sobald er meine Lage kennt. Weiß der Himmel, meine Frau muß einfach Nachsicht mit mir üben, weil sie mich so gut versteht. Sie weiß, daß ich vergaß, mein Versprechen einzulösen, weil ich so schwer arbeiten mußte. (Wir Workaholics sind stets im Vorteil; wir verdienen, daß man Nachsicht mit uns hat, weil wir so tugendhaft sind.) Sie versteht, daß ich ihr gestern abend auf die Nerven ging, weil ich einen Aufsatz über Vergebung zu Ende schreiben mußte; darum sieht sie es mir nach. Nachsicht zu üben ist nicht besonders schwer. Es dient der gegenseitigen Toleranz. „Du spinnst zwar, aber du bist trotzdem mein Typ." „Mein Mann ist ein Trottel, aber bei der Erziehung, die ihm seine Mutter angedeihen ließ, konnte nichts anderes dabei herauskommen." Wer einen anderen auf diese Weise entschuldigt, der umgeht geschickt die Krise des Vergebens. Im Grunde gibt er dem anderen zu verstehen, daß es überflüssig wäre, ihm zu vergeben.

Was dann um Himmels willen ist Vergebung? Wenn nicht Vergessen oder Nachsicht, was dann? Was geschieht, wenn Gott einem Sünder vergibt? Was geht vor sich, wenn ein verletzter Mensch dem vergibt, der die Verletzung verursachte?

Vergebung ist im Grunde ein sehr einfaches Wunder. Vergebung ist ein Neubeginn. Vergebung heißt, mit der Person, die uns Schmerzen zugefügt hat, einen neuen Anfang zu wagen und es noch einmal von vorn zu versuchen. Nehmen wir uns da Gott zum Vorbild. Wenn Gott vergibt, bietet er uns einen neuen Anfang mit ihm an. Er streckt uns die Hand entgegen und sagt: Komm doch, ergreif sie, ich will wieder dein Freund sein. Ich möchte trotz allem bei dir sein. Ich möchte als die liebende Macht in deinem Leben unter dir und über dir und in dir sein. Ich lasse nicht mehr zu, daß irgend etwas, was du tust, mir im Wege steht. Laß uns doch von vorn beginnen. Das tut Gott, wenn er vergibt: Er bricht die Mauern ab, die wir errichtet haben, und dringt in den Garten unserer Seele ein, um eine neue Beziehung ins Dasein zu rufen.

In unseren Beziehungen untereinander sieht es nicht viel anders aus. Wir beginnen dort, wo wir uns gerade befinden — nicht dort, wo wir uns gern befänden, wenn wir das Leben neu ordnen könnten, sondern dort, wo wir uns im Augenblick tatsächlich befinden, mit gerade dem Menschen, der uns verletzt hat. Und wir rufen einen Neuanfang ins Dasein. Wir strecken die Hand aus und sagen: Ich möchte wieder dein Freund sein. Ich möchte wieder dein Vater, deine Tochter, dein Liebhaber sein. Laß uns von vorn beginnen. Das ist Vergebung.

Das Vergeben können wir deshalb als Wunder bezeichnen, weil es einen Neubeginn schafft. Es nimmt uns nicht immer den Schmerz. Es macht die frühere Verletzung nicht ungeschehen. Es verhindert einfach, daß sie einem Neubeginn im Wege steht. Wir müssen nicht verstehen, warum der andere uns verletzte. Wir müssen weder die ganze Geschichte in allen Einzelheiten in Erfahrung bringen noch alle offenen Fragen beantwortet bekommen. Wir können auf die Gewißheit, daß keine Geheimnisse mehr übrig geblieben sind, verzichten. Und wir müssen ganz gewiß nicht jedes Gramm Schuld aus der Seele dessen auspressen, der uns das Unrecht zugefügt hat. Wir beginnen einfach dort, wo wir beide uns in unserem geteilten Schmerz befinden. Wir sind beide verletzt, darum machen wir unseren geteilten Schmerz zur Startlinie einer neuen Beziehung.

Und dann gehen wir gemeinsam der Zukunft entgegen. Was für einer Zukunft? Wer weiß? Ein neuer Anfang ist alles, was wir haben; wie es weitergeht, kann uns keiner sagen. Aber dessen dürfen wir sicher sein: Die Zukunft bringt weitere Schmerzen mit sich, Schmerzen, die wir mit denen teilen werden, die uns verletzen. Sie bringt auch weiteres Bekennen mit sich. Und weitere neue Anfänge. Wir bleiben niemals stehen.

Noch einmal: Wir beginnen dort, wo wir uns gerade befinden. Einige unter uns müssen Menschen vergeben, die außer Reichweite sind, und auf einer ganz neuen Basis mit ihnen anfangen. Vielleicht müssen Sie einem Ex-Ehemann vergeben, der Sie noch so leidenschaftlich haßt, daß er auf Ihre Versöhnungsbereitschaft pfeift. Vielleicht müssen Sie einer längst verstorbenen neurotischen Mutter vergeben und einen Neuanfang mit den Erinnerungen, die sie hinterlassen hat, versuchen. Vergebung bedeutet nicht, daß wir die Vergangenheit leugnen; sie ruft lediglich eine neue Zukunft ins Dasein. Manchmal können wir nur in absentia vergeben, indem wir unseren Groll und unseren Unmut loslassen, mit dem freien Geist in unserem Inneren von vorn beginnen und den, der uns verletzt hat, Gott überlassen.

Dieses Wunder der Vergebung ist so schwer zu vollbringen, daß Sie sich womöglich fragen, warum Sie es überhaupt versuchen sollten. Sind Sie aufgrund der brutalen Ungerechtigkeit eines anderen verletzt worden, dann sind Sie sehr stark motiviert, niemals zu vergeben — nie, nie, nie! Die Logik der Gerechtigkeit ist ganz auf Ihrer Seite. Das Vergeben ist nicht fair. Der andere hat Sie hintergangen. Er gab Ihnen das Gefühl, so schmutzig und hassenswert zu sein, daß Sie sich nicht mehr menschlich vorkamen. Sie schulden ihm nichts als Verachtung. Also sorgen Sie dafür, daß er die eisigen Böen Ihrer Geringschätzung zu spüren bekommt. Warum sollte Ihr verletztes Herz etwas anderes für ihn bereithalten als haßerfüllte Hiebe? Soll er doch im eigenen Mist liegenbleiben! Sie nutzen nur Ihr heiliges Recht auf die einzige Art von Macht, die Sie noch über ihn ausüben können: die Macht Ihrer Verachtung.

Warum sollten Sie ihm vergeben?

Es gibt, wie ich meine, nur zwei Gründe. Zusammengenommen ergeben sie vielleicht kein „faires Abkommen", doch verleihen sie unserem Leben in der Tat Freiheit und Kraft. Darum sollten Sie sich auf alle Fälle mit ihnen auseinandersetzen.

Der erste Grund ist der, daß im Spiel des Mit-gleicher-Münze-Heimzahlens immer derjenige der größte Verlierer ist, der die Kraft zu vergeben nicht aufzubringen vermag. Man weiß nie genau, wie schlimm die Verletzungen sind, die man einem anderen zufügt, wenn man ihm nicht vergibt; sie können aber kaum so schlimm sein wie die Wunden, die man sich selbst in einem solchen Fall zufügt. Wer eine harte Entscheidung gegen das Vergeben fällt, der steckt sich in die Zwangsjacke des eigenen Grolls. Er wird in ein Spukschloß gesperrt, in dem lauter schreckliche Erinnerungen umgehen. Ungelinderter Groll gleicht einem Videoband in unserer Seele, das mit seiner qualvollen Aufzeichnung des Unrechts, das uns angetan wurde, ein Mal ums andere abgespielt wird — und bei jeder Wiederholung gerät unsere Seele noch fester in seinen Griff. Wir werden von ihm abhängig; wir werden regelrecht süchtig und können nicht mehr von ihm lassen. Unser Groll fesselt uns an den Dauerschmerz eines vor Wut schäumenden Gedächtnisses. Unsere einzige Hoffnung liegt darin, im Vergeben die Freiheit zu finden.

Der zweite Grund, warum wir vergeben sollten, ist der: Wenn wir einer Person, die uns verletzt hat, vergeben, tanzen wir nach dem Rhythmus des Herzschlags Gottes. Vergeben wir, so stimmen wir in die Musik des Universums ein. Wir lassen uns von der Woge der Liebe, der Energie des Kosmos, tragen. Gott hat die Vergebung „ersonnen", weil das der einzige Weg war, seine Romanze mit der gefallenen menschlichen Familie am Leben zu erhalten. Hätte Gott nicht in sich selbst die von der Liebe erzeugte Kraft zu vergeben vorgefunden, gäbe es für Leute wie uns keine Zukunft. Aber er hat sie vorgefunden — und die Hoffnung der ganzen Welt gründet in seiner Bereitschaft, mit uns *einen* oder nötigenfalls eine Million Neuanfänge zu machen. Darum gilt: Jedesmal, wenn ein ganz gewöhnlicher Mensch in sich die Kraft verspürt, in seiner Beziehung zu einer Person, die ihm unnötige Schmerzen bereitet hat, einen neuen Anfang zu wagen, hält er Schritt mit dem lebendigen Gott.

Um es geradeheraus zu sagen: Die Freiheit zu vergeben fließt uns in genau dem Moment zu, in dem wir fühlen, daß Gott uns vergibt. Treten Sie also mit der Quelle in Verbindung. Sie können sich auf sie verlassen. Gott hat unserem Bekennen, sofern es ihm selbst gilt, jedes Risiko genommen. Anderen zu vergeben oder sie um Vergebung zu bitten, das ist noch immer ein Wagnis. Aber

Gott ist immerzu treu und gerecht, daß er uns vergibt — er ist jederzeit bereit, mit uns neu anzufangen.

Woran liegt es, daß Gott in dieser Hinsicht anders ist? Den Unterschied bewirkt ein hölzernes Kreuz, auf einem Hügel aufgerichtet, wo einst ein Mann aus geteiltem Schmerz heraus für die Sünden der Welt starb. Jesus zog am Kreuz den ganzen Schmerz, den wir Gott fühlen ließen, an sich und fühlte ihn dort zusammen mit Gott. Er fühlte den gleichen Schmerz, wie Gott ihn fühlt, wenn wir ihm den Rücken kehren und den albernen Götzen nachlaufen, die wir uns selbst gebastelt haben. Jesus teilte den Schmerz Gottes; das war seine Art, unsere Sünden für uns zu bekennen. Stellvertretend für die menschliche Familie sagte Jesus in seinem Schmerz: „Gott, es tut uns leid." Geteilter Schmerz — er ereignete sich dort; und jetzt ist Gott absolut treu und gerecht, daß er mit jedem, der den Wunsch verspürt, ihn auf seiner Seite zu haben, einen Neuanfang macht.

Im Leben Gottes gibt es ein Kreuz, das für geteilten Schmerz steht. Darum schlägt er uns nie die Tür zu. Sie können darauf setzen: Er wird stets vergeben. Gott vergißt nicht nur, er bringt nicht nur Verständnis auf; er steht vielmehr neben uns und sagt: „Laß uns doch ganz neu beginnen. Ich möchte dein Vater sein. Ich möchte dein Freund sein. Ich möchte dein Erlöser sein. Warum noch warten?"

„Wenn wir bekennen, so ist er treu." Ihr Bekenntnis ist nicht vollständig? Machen Sie sich nichts daraus; es wird auch nie vollständig sein. Unsere Bekenntnisse sind allesamt etwas beschönigt, halbbacken, halb einsichtig, halbwahr. Uns allen haftet der Makel der Verlogenheit an, auch wenn wir versuchen, mit Gott ins reine zu kommen. Das tut jedoch nichts zur Sache. Gott vergibt uns trotzdem, weil der Schmerz, den wir ihm bereitet haben, von unserem Bruder Jesus voll und ganz geteilt worden ist. Deshalb dürfen wir nicht zulassen, daß die Unzulänglichkeiten unseres Bekennens uns davon abhalten, in den Genuß der Vergebung Gottes zu kommen.

Vergebung durch Gott und die Freiheit zu vergeben

Es besteht, wie ich meine, ein Zusammenhang zwischen der Gewißheit, daß Gott uns vergibt, und unserer Freiheit, anderen zu vergeben. Mir kommen gerade zwei Dialoge in den Sinn, die diesen Zusammenhang deutlich machen. Der erste handelt von der Vergebung Gottes als der einzigen Antwort auf grenzenlose Verzweiflung. Der zweite handelt von der Freiheit zu vergeben, die wir empfangen, wenn wir das Gefühl haben, daß Gott uns vergibt.

Erster Dialog. In Dostojewskis Roman *Die Brüder Karamasow* findet sich eines der ergreifendsten Gespräche der menschlichen Literatur überhaupt. Zwei Brüder, Iwan und Aljoscha Karamasow, unterhalten sich in einem Wirtshaus über die unerträglichen Übel, die wir einander, insbesondere aber Kindern, in unserer zerbrochenen Welt zufügen. Iwan, der Atheist, argumentiert mit glühender Leidenschaft, daß es schier unmöglich sei, das Verderben, das in dieser Welt herrscht, mit der Existenz Gottes in Einklang zu bringen. Aljoscha, der einfältig Glaubende, findet kein Gegenargument, mit dem er Iwans heftige Anklage gegen einen Gott, der die Unmenschlichkeit des Menschen Kindern gegenüber duldet, widerlegen könnte. Er stützt den Kopf in die Hände und schweigt minutenlang. Aber zuletzt stammelt er die einzige Antwort, die ihm zu Gebote steht: „Es gibt ein

'Wesen', das alles verzeihen kann, allen und jedem und für alles, weil 'Es' ja selber sein unschuldiges Blut hingab für alle und alles"[2].

Zweiter Dialog. Kurz nach dem Zweiten Weltkrieg, als die Narben, die die Brutalität der Nazis in ihrer Seele hinterlassen hatte, noch frisch waren, fühlte sich Corrie ten Boom berufen, den Völkern Europas, die sich vom emotionalen Schutt des Krieges befreien mußten, Vergebung zu verkündigen. Sie war sich sicher, jedes Verlangen nach Vergeltung für die menschenunwürdige Behandlung, die sie und ihre Lieben von seiten der SS-Soldaten in den Konzentrationslagern erdulden mußten, überwunden zu haben. Ihr Dienst führte sie nach München. Eines Sonntags erblickte sie draußen vor einer Kirche das Gesicht eines ehemaligen SS-Wachtpostens. Dieser Mann hatte im Lager den verängstigten weiblichen Häftlingen zugeschaut und sie verhöhnt, während sie sich zum Zwecke der Entlausung vor seinen Augen duschen mußten. Und plötzlich war das alles wieder lebendig — der Raum voll spottender Männer, der Schmerz und die Schmach. Und jetzt, da der Krieg vorbei war, kam er strahlend und sich verbeugend auf Corrie zu. „Wie dankbar bin ich Ihnen für Ihre Botschaft, Fräulein . . . Mir vorzustellen, daß er, wie Sie sagen, meine Sünden abgewaschen hat!" Er streckte die Hand aus, um die ihre zu schütteln. Das war ihr zuviel; ihre Hand erstarrte an ihrer Seite. Das Vergeben fällt stets schwer; es jetzt von ihr zu verlangen, war unerhört. Sie erzählt, wie in diesem Augenblick die bitteren Rachegedanken regelrecht in ihr kochten. Sie bemühte sich krampfhaft, ihre Hand zu heben. Sie konnte es nicht. Sie fühlte nichts, nicht den kleinsten Funken Vergebung. Also hauchte sie ein stummes Gebet. „Jesus, ich kann ihm nicht vergeben. Schenke mir deine Vergebung."[3]

Corrie wurde augenblicklich von dem angerührt, der jedem alles verzeihen kann. Irgendwie fühlte sie, daß ihr selbst vergeben worden war, und in der Freiheit, die ihr diese Gewißheit gab, hob sie ihren Arm und ergriff die Hand des Mannes, der ihr Unverzeihliches angetan hatte.

Und damit sind wir, wie ich meine, bis zum Kern der Angelegenheit vorgedrungen. Wenn wir durch Vergebung frei gemacht werden, lernen wir, anderen umsonst zu vergeben. Und wenn wir vergeben, sind wir frei. Wir sind frei, einen Neubeginn zu wagen, und erkennen somit in unserem tiefsten Herzen, daß das Leben auch dann wieder gut sein kann, wenn durch die Schuld eines anderen alles unsagbar falsch gelaufen ist.

Anmerkungen:

[1] Thomas Hardy, *Tess von den d'Urbervilles. Eine reine Frau.* Aus dem Englischen übersetzt von Paul Baudisch, neu herausgegeben von Norbert H. Platz (Stuttgart: Reclam, 1979). Siehe insbesondere S. 321 f.

[2] Fjodor M. Dostojewski, *Die Brüder Karamasow.* Aus dem Russischen von Karl Nötzel (Frankfurt am Main: Insel-Verlag, 1986), 1. Teilbd., S. 422 f.

[3] Corrie ten Boom mit John und Elizabeth Sherrill, *Die Zuflucht. Corrie ten Boom erzählt aus ihrem Leben 1892–1945.* Deutsch von Dr. Hansjürgen Wille und Barbara Klau. Wuppertal: R. Brockhaus, 1975 (2. Aufl.), S. 237.

4. Alle Welt ist ein Kritiker — und Sie sind es leid, die Rezensionen zu lesen

Die Gabe der Freiheit

Mir aber ist's ein Geringes, daß ich von euch gerichtet werde oder von einem menschlichen Gericht; auch richte ich mich selbst nicht ... Der Herr ist's aber, der mich richtet.
(1. Korinther 4, 3+4; rev. Lutherübers.)

Zur hohen Kunst des In-der-Gnade-Lebens gehört auch die Fähigkeit, unbeschwert mit unseren Kritikern umzugehen. Wir verfügen erst dann über die rechte geistliche Freiheit, wenn wir Gnade genug haben, um uns in der Gegenwart derer frei zu fühlen, die über uns zu Gericht sitzen und sich ein Urteil über unser Tun anmaßen. Und da wir uns frei fühlen, wächst in uns das Gefühl, es könne doch nicht ganz so schlecht um das Leben bestellt sein.

Daß wir immer wieder kritisiert werden, damit müssen wir leben. Es ist schier unmöglich, der Kritik zu entgehen: Wir sind von lauter Kritikern umgeben. Einige sind uns willkommen, andere wiederum sind selbsternannte Quälgeister. Sie taxieren uns, schätzen uns ein, prüfen uns auf Herz und Nieren und bilden sich über unser Leben ein eigenes Urteil. Möglicherweise akzeptieren sie uns. Es kann aber auch sein, daß sie uns für ein wandelndes Katastrophengebiet halten. Womöglich sind wir ihnen zu konservativ, zu liberal, zu gelassen, zu ernst, zu boshaft, zu heilig. Sie mögen recht haben, vielleicht auch nicht. Aber sie sind zur Kritik entschlossen; sie wollen uns unbedingt vor dem Tribunal ihrer Meinung zur Rechenschaft ziehen.

Wir alle haben mindestens drei Kritiker. Vor der Haustür unseres Lebens stehen drei „Gerichtsvollzieher". Jeder zählt in Gedanken unsere Vermögenswerte zusammen und zieht unsere Defizite vom Ergebnis ab. Wir können ohne sie nicht leben. Es fragt sich nur, ob wir mit ihnen leben können.

Unser erster Kritiker ist unser Nächster — jemand, der in unserem Leben eine wichtige Rolle spielt: vielleicht unsere Mutter oder unser Vater, oder ein Freund, Seelsorger oder Lehrer. Er richtet uns, weil er uns nicht gleichgültig gegenübersteht. Er mag uns lieben oder verachten, egal sind wir ihm nicht. Wäre das der Fall, würde er sich nicht die Mühe machen, uns zu kritisieren. Aber auch uns liegt an ihm; wenn er uns nichts bedeutete, würde uns seine Meinung nicht weiter stören. Gerade das macht es so schwer, mit unseren Kritikern zu leben: Uns liegt zu viel an ihnen. Für den Fall, daß es Ihnen immer schwerer fällt, es Ihren Kritikern recht zu machen, oder daß Sie manchmal das Gefühl bekommen, es gebe in Ihrem Leben zu viele Kritiker, zu viele Menschen, denen Sie zu Gefallen leben müßten — für diesen Fall tue ich Ihnen kund und zu wissen: Die Gnade kann Sie von Ihren Kritikern frei machen.

Unser zweiter Kritiker ist unser eigenes Ich. Wir sind mit der einzigartigen Fähigkeit ausgestattet, uns außerhalb unser selbst zu begeben und unser eigener Richter, unsere eigenen Geschworenen zu sein; dieser Segen, diese Last ist eine Folge davon, daß wir nur wenig niedriger gemacht wurden als die Engel. Möglich, daß wir selbst unser bester Kritiker sind. Es kann aber auch sein, daß wir selbst unser strengster Kritiker sind. Wie dem auch sei: Solange wir Menschen sind, können wir nicht aufhören, an uns selbst herumzukritisieren. Und sobald wir uns zu den Kritikern gesellen, befassen wir uns mit einer Aufgabe, die uns definitiv von allen niederen Arten unterscheidet. Unser eigener Kritiker zu sein, bringt allerdings gewisse Gefahren mit sich. Wir können zu Nörglern werden statt zu Kritikern, und Nörgler nerven uns, auch dann, wenn sie sich in unserem eigenen Kopf befinden. Für den Fall, daß Sie es leid sind, einen Nörgler mit sich herumzutragen, der Ihnen immer wieder den Verdacht nahelegt, Sie seien den eigenen unmöglichen Maßstäben nicht gewachsen — für diesen Fall tue ich Ihnen kund und zu wissen: Die Gnade kann Sie von Ihren Selbstanklagen befreien.

Wir können unseren dritten Kritiker nicht sehen, aber er sieht uns nur zu deutlich. Sein Name ist Gott, und er ist unser schärfster Kritiker. Es ist heute aus der Mode gekommen, Gott als Richter zu bezeichnen; der modische Gott ist ganz Gnade und kennt kein Gericht. Das Richten gilt als altmodisch, abstoßend, widerlich; heute verlangt man einen Gott, der uns nicht nur bedingungslos liebt, sondern auch unser Tun bedingungslos billigt. Und doch: Das Gnädigsein macht Gott nicht weniger kritisch; die Gnade macht Gott weder blind gegenüber dem, was vor sich geht, noch weniger ehrlich in seinem Bestreben, die Dinge beim Namen zu nennen. Jemand fragte einst einen modernen Theologen, ob er noch an das Gericht Gottes glaube. Er erwiderte: „Wie die Dinge im Augenblick stehen, glaube ich nur noch an das Gericht." Ein wenig einseitig vielleicht, aber es reicht aus, um die Aussage, Gott sei noch immer unser Kritiker, recht vernünftig klingen zu lassen. Gemeint ist, daß Gott Erwartungen in uns setzt und diese zum Maßstab macht, nach dem er unsere Leistung beurteilt.

Gott erwartet, daß wir treu sind, sagt Paulus. Er weist

uns einen Platz in dieser Welt zu, damit wir als Verwalter (oder, um mit Luther zu sprechen, als „Haushalter") fungieren und uns um irgend etwas kümmern. Und er verlangt, daß wir uns bei der Erfüllung dieser Aufgabe als treu erweisen. Jedem einzelnen unter uns ist aufgetragen, sich um etwas zu kümmern. Gott bittet uns nicht, fehlerlos zu sein, sondern treu; wir sollen weder phantastisch noch fabelhaft sein, sondern treu. Treu sein heißt herausfinden, worum wir uns zu kümmern haben, und es mit ganzer Hingabe tun. Und Gott ist unser Kritiker. Für den Fall, daß es Ihnen Mühe macht, mit diesem Kritiker zu leben, tue ich Ihnen kund und zu wissen: Die Gnade kann Sie auch unter den Augen Ihres göttlichen Richters frei machen.

Beginnen wir mit dem Kritiker, der uns gegenübersteht: unserem Nächsten. Der Apostel Paulus erklärte seine Unabhängigkeit von menschlichen Meinungen mit folgenden, beinahe lässigen Worten: „Mir aber ist's ein Geringes, daß ich von euch gerichtet werde oder von einem menschlichen Gericht." Mit diesem Satz wollte er einigen lästigen Christen aus Korinth den Kopf waschen, aber wir dürfen uns seine Einstellung dennoch zu eigen machen.

Übersetzen wir einmal frei, so kommt folgendes dabei heraus: Ihr wollt mein Verhalten abschätzen und mich beurteilen, das weiß ich, und wenn ihr es tut, werde ich auf euch hören. Ich weiß, daß ihr meine Arbeit bewerten wollt; wenn ihr es tut, werde ich über das, was ihr zu sagen habt, gewiß nachdenken. Es ist mir klar, daß ihr mich deshalb kritisiert, weil euch an mir gelegen ist; darum ist mir das, was ihr sagt, keineswegs egal. Im Gegenteil, es ist mir stets wichtig, was ihr über mich sagt und denkt. Ihr sollt jedoch wissen: Nachdem ich mit meinem Gewissen gerungen, meine Überzeugungen berücksichtigt und meine Entscheidungen gefällt habe, wird euer Urteil nicht allzusehr ins Gewicht fallen. Es fällt schon ein wenig ins Gewicht, aber nicht allzusehr. Ich lasse nicht zu, daß mir euer Urteil vorschreibt, wie ich mich im Hinblick auf das, was ich bin oder was ich gerade tue, zu fühlen habe. Ich bin nicht bereit, mich ausschließlich nach eurer Meinung zu richten.

Spricht hier wirklich der Apostel Paulus? Spricht hier derselbe Paulus, der den Mitgliedern der christlichen Gemeinde nahelegt, einander selbstlos zu dienen? Spricht hier derselbe Paulus, der uns daran erinnert, daß Gott uns Hirten, Seelsorger und Eltern gegeben hat, damit sie uns zu erkennen helfen, wer wir sind und was Gott von uns verlangt? Spricht hier derselbe Paulus, der uns auffordert, uns einander in liebevoller Fürsorge unterzuordnen? Ja, hier spricht derselbe Apostel.

Er ist kein Narr. Er sagt nicht, die Gefühle anderer seien ihm völlig egal. Er war ja selbst bereit, allen alles zu werden — aber nicht, um ihnen zu *gefallen*, sondern nur, um sie zu gewinnen. Er sagt vielmehr: Was mein ureigenes Selbst, meinen ganz persönlichen Lebensstil betrifft, muß ich eure Kritik als nebensächlich zurückweisen und so leben, daß ich selbst es vor dem Herrn verantworten kann. Ich lasse mich nicht einschüchtern. Ich lasse mich nicht verurteilen. Ich lasse mich nicht durch ein fremdes Urteil unter Druck setzen. Ich bin entschlossen, frei zu sein.

Welch eine Freiheit tritt uns hier entgegen! Welch eine Kraft! Welch eine Freude! Wenn wir unserer Lebensaufgabe nach besten Kräften nachkommen; wenn wir wissen, daß wir mit unserem Gewissen auf Tuchfühlung geblieben sind; wenn wir vor einer schweren Entscheidung gebetet und nachgedacht und uns zum Schluß entschlossen haben, einen bestimmten Kurs einzuschlagen;

wenn wir uns beim Gedanken an diesen Kurs innerlich frei fühlen, ganz gleich, was andere darüber sagen oder denken mögen — dann endlich haben wir eine kostbare Freiheit gefunden.

Unsere Kritiker könnten natürlich recht haben; vielleicht sind sie klüger als wir oder wissen etwas, was wir nicht wissen. Darum sollten wir ihnen zuhören, wenn wir gescheit sind. Sind wir jedoch *überzeugt,* im Recht zu sein, wiewohl unsere Kritiker meinen, wir lägen falsch, dann dürfen wir ihre Kritik einfach in irgendeinen entlegenen Winkel unseres Gedächtnisses verbannen und uns davon frei machen.

Wer sich von der Meinung anderer tyrannisieren läßt, der tut sich selbst schreckliche Gewalt an. Denn es macht furchtbar traurig, wenn man nur noch dafür lebt, anderen zu gefallen. Kürzlich begegnete mir eine rund 50jährige Frau, die hübsch wie ein Mannequin aussah und zudem intelligent, talentiert und gebildet war. Sie hatte gerade einen Selbstmordversuch hinter sich. An ihrem 50. Geburtstag war ihr klargeworden, daß sie ihr ganzes Leben anderen zu Gefallen gelebt hatte, erfüllt von der panischen Angst, sie zu enttäuschen, von ihnen kritisiert zu werden und ihre Liebe zu verlieren. Mit 50 Jahren erkannte sie, daß sie ein halbes Jahrhundert lang als Gefangene der Meinung anderer gelebt hatte. Ein kluger Seelsorger führte sie aus ihrem Gefängnis heraus in die Freiheit. Einige Leute bleiben jedoch ihr ganzes Leben lang Kinder oder Gefangene, weil sie es ihrer Mutter oder einem anderen Götzen ständig recht zu machen versuchen — aus Angst, sich verloren vorzukommen, wenn sie ihren Kritikern nicht gefallen.

Viele unter uns haben ganz besondere Menschen in ihrem Leben, deren Meinung sie überaus schätzen. So lebte ich jahrelang unter dem Schatten eines verehrten

Professors, den ich als Student regelrecht anhimmelte. Ich glaube, wenn er für den Posten Gottes kandidiert hätte, hätte ich ihm meine Stimme gegeben. Ich wollte, daß er auf seinen Schüler stolz sein konnte. Es bedurfte eines Wunders, ehe ich mich von seiner Meinung frei machen und in meinem Herzen sagen konnte: „Mir ist's ein Geringes, was Sie von dem Buch halten, das ich gerade schreibe."

Wem zu Gefallen leben Sie? Wessen Kritik macht Sie niedergeschlagen und gibt Ihnen Schuldgefühle? Wer bringt Sie mit seinem Urteil durcheinander und verwirrt Sie? Wer auch immer es sein mag, ich lade Sie ein, sich mit den Worten frei zu machen: „Was du oder sonst irgend jemand von mir hält, ist mir zwar nicht egal, doch fällt es letzten Endes nicht allzusehr ins Gewicht."

Damit wäre der Kritiker, der uns gegenübersteht, erledigt. Übrig bleibt unser grausamster Kritiker, der, der in uns steckt, unser eigenes Ich.

Der Apostel Paulus taxierte das eigene kritische Ich und sagte mit heldenhafter Unbekümmertheit: „Auch richte ich mich selbst nicht."

Du beliebst wohl zu scherzen, alter Freund. Haben wir dich nicht einst sagen hören, du seist der vornehmste aller Sünder? Soll das etwa kein kritisches Urteil gewesen sein? Und mit deiner Aufforderung, sich selbst zu prüfen, hast du bei einigen unter uns Anfälle von Selbstzweifel ausgelöst. Du hast doch gesagt, daß wir uns Zeit nehmen sollen, um uns darüber klarzuwerden, was mit unserem Leben und unserem Glauben los ist, welche Ziele wir verfolgen und welche Träume wir im Leben verwirklichen möchten. Du bist doch kein Narr, kein blasierter, eingebildeter, selbstgefälliger, selbstgerechter Narr. Nimm den Mund nicht zu voll, Apostel!

Ich höre bereits, wie Paulus sich selbst gegen meine

Kritik in Schutz nimmt: „Selbstverständlich prüfe ich mich selbst. Doch weiß ich, wie falsch ich mit meinem Urteil liegen kann. Ich weiß: Wenn ich zu dem Schluß gelange, unschuldig zu sein, dann kann ich durchaus im Unrecht sein. Und wenn ich zu dem Schluß gelange, schuldig zu sein, kann ich ebenso im Unrecht sein. Darum nehme ich mein Urteil nicht übermäßig ernst. Hat der, der ein Plädoyer in eigener Sache hält, einen Narren zum Verteidiger, so hat der, der das eigene Urteil annimmt, einen Narren zum Richter."

Paulus wußte, daß wir selbst unser schärfster Kritiker sind — nicht weil wir so anspruchsvoll, sondern weil wir so kompliziert sind. Wir sind zu vielen Launen unterworfen. Einige unter uns betrachten das Leben durch eine rosafarbene, glückliche Brille, die sie in den eigenen Augen wundervoll erscheinen läßt. Andere wiederum haben allem Anschein nach krankes Blut in den Adern, das ihnen vorspiegelt, alles Helle im Leben sei grau, alles Graue schwarz. Wir können uns auf unser eigenes Urteil nicht verlassen. Entweder wir bringen zu leichtfertig Entschuldigungen vor oder wir gehen zu streng mit uns selbst ins Gericht.

Einige unter uns führen sogar das eigene Gewissen hinters Licht; wir haben für alles eine Ausrede. Ich ertappte einst einen Studenten beim Abschreiben. Er hatte seiner Ansicht nach so unerträgliche Kopfschmerzen, der Professor war so langweilig und die Prüfung so ungerecht, und seine Eltern setzten ihm so unbarmherzig zu, gute Noten zu bekommen, daß er zu mogeln nicht nur berechtigt, sondern feierlich verpflichtet war. Exportleiter großer Unternehmen sind sich sicher, daß sie es ihrem Land schuldig sind, ausländische Kunden zu bestechen, damit sie von ihnen Aufträge erhalten. Ich habe mit Prostituierten gesprochen, die als Sozialarbeiterinnen oder Streetworker gelten wollten, die in der Nachtschicht mit milieugeschädigten Männern arbeiten. Unsere Fähigkeit, uns mit billigen Ausreden selbst zu täuschen, ist unbegrenzt.

Nur ist es ebenso wahrscheinlich, daß wir uns dreimal täglich mit einer moralischen Geißel züchtigen. Wir fühlen uns schuldig im Sinne der Anklage, noch ehe der Prozeß begonnen hat. Aber die Schuld, die wir fühlen, hat häufig überhaupt nichts mit unserer Lebensqualität zu tun. Einer der größten Rechtsgelehrten des Westens, Hugo Grotius, der Vater des modernen internationalen Rechts, faßte auf dem Sterbebett seine Selbsteinschätzung folgendermaßen zusammen: „Ich habe mein Leben lang nichts Lohnendes vollbracht." Dieses Urteil stand im krassen Widerspruch zu der monumentalen Fruchtbarkeit seines Lebens. Ich kenne Leute, die tagsüber mit Gutestun zu beschäftigt und abends zu erschöpft sind, um sich auf irgendwelche ausgefallenen Sünden einzulassen; und doch, wollte man sie nach ihren Gefühlen über sich selbst beurteilen, müßte man sie für eine Mischung aus Isebel und Rasputin halten. Wir können auf uns selbst eindreschen, uns keinen einzigen Tag lang von Selbstverurteilung frei fühlen — und mit unserem Urteil vollkommen danebenliegen.

Leute, die eine schwere Schuld auf sich geladen haben, können sich selig fühlen. Und gute Menschen, die ihr ganzes Leben damit zugebracht haben, anderen zu helfen, können sich wie besudelter Abschaum vorkommen. Deshalb geben nur Dummköpfe viel auf das eigene Urteil, sofern es sie selbst betrifft. Wir brauchen Gnade, damit wir die Rezensionen, die wir über uns selbst schreiben, auf der Humorseite des Lebens unterbringen. Wir müssen mit Paulus sagen: „Ich gestatte es nicht einmal mir selbst, über mich zu Gericht zu sitzen."

Hinter den Kulissen wartet ein weiterer Richter. Ei, wer kommt denn da? Sind wir etwa vom Regen menschlicher Kritik in die Traufe des göttlichen Gerichts gekommen? Es ist unser Kritiker dort oben, der Herrgott selbst.

Paulus bricht an dieser Stelle seinen Beweisvortrag ab. Er hält inne und bleibt vor dem einen Richter stehen, dessen Urteil er nicht als nebensächlich einstufen kann. „Der Herr ist's, der mich richtet." Ist das nun eine gute Nachricht oder eine schlechte?

Ehe es eine gute Nachricht sein kann, muß es uns wie eine sehr schlechte vorkommen. Es könnte schrecklich sein, einem Richter in die Arme zu laufen, der nie Kompromisse macht, nie Fehler begeht. Betrachten wir das Bild unserer Beziehung zu Gott, wie es uns in Psalm 139 vor Augen gehalten wird. Möchten wir wirklich einem Richter diesen Typs in die Hände fallen?

Er ist überall zugegen. „Wohin könnte ich fliehen vor deinem Geist?", fragt der Psalmist. Und die Antwort? Nirgendwohin. Nicht an den Rand der Erde, nicht in die äußere Finsternis, nicht in die Vorhöfe der Hölle. Laufe ich vor ihm fort, so habe ich ihn dennoch vor mir. Ziehe ich die Jalousien herunter, so schaut er trotzdem hindurch. Versuche ich zu entkommen, während er schläft, dann mache ich die Erfahrung, daß Jahwe weder schläft noch schlummert. Stehle ich mich in der Dunkelheit fort, so ist er selbst das Licht. Es gibt keinen Zufluchtsort; wo immer ich bin, da ist auch er.

Er ist allwissend. Der Psalmist sagt: „Du hast mich erforscht und erkannt ... Du kennst meine Gedanken ... Dir sind meine Worte bekannt, noch ehe sie mir über die Lippen kommen." Er hat alle unsere Leitungen angezapft. Er kennt unsere Motive, unsere Pläne, unsere Ausreden. Ganz gleich, was es ist, er weiß es. Der deutsche Philosoph Friedrich Nietzsche schrieb einst eine

Geschichte über einen Mann, der aus lauter Verzweiflung Gott umbrachte. Man fragte ihn: „Warum in aller Welt hast du Gott getötet?" Seine Antwort: „Er wußte zuviel." Daß dieser Gott unser Richter ist, das ist wahrhaftig eine schlechte Nachricht!

Schlimmer noch, er gibt uns ein Mal ums andere Gelegenheit, Fehler zu begehen. Er läßt uns in einer Welt leben, in der es in jeder Straße Schlaglöcher, an jeder Ecke Fußangeln gibt. Und er räumt uns soviel Freiheit ein. Entscheidungen, Entscheidungen, Entscheidungen! Und die ganze Zeit über betätigt sich dieser alles wissende Gott als Kritiker.

Das könnte zu viel sein. Das Vorhandensein eines solchen Kritikers macht es dringend nötig, daß wir mit ihm ins reine kommen. Wir können seinem prüfenden Blick gewiß nicht standhalten; er wird uns verurteilen. Uns stehen zwei Möglichkeiten zur Wahl.

Erstens können wir so tun, als gäbe es ihn nicht. So verhalten sich viele Menschen. Sie leben einfach so, als existiere Gott nicht oder als sei er vor geraumer Zeit gestorben, etwa beim Anbruch des wissenschaftlichen Zeitalters. Das sind die Toren, die in ihrem Herzen sprechen: „Es ist kein Gott." Das wäre die eine Alternative; wir können unser Leben nach diesem Wahn ausrichten und uns der Illusion hingeben, er sei in Wirklichkeit nicht vorhanden. Vielleicht gelingt es uns eine Zeitlang, aber nicht für immer, denn eher oder später wird die Illusion zerstört. Und dann werden wir die Wahrheit erkennen, daß Gott lebt.

Es gibt nur einen anderen Weg, wie wir unter den Augen unseres unfehlbaren Kritikers unbeschwert leben können: Wir können ihn so kennenlernen, wie er wirklich ist. Das war das Geheimnis des Apostels Paulus: Er hatte seinen göttlichen Richter auf eine Weise kennengelernt, die ihn frei machte. Denn er war ihm am Kreuz begegnet, und das Geheimnis vom Kreuz besteht darin, daß unser göttlicher Richter dort seinen eigenen Sohn an unserer Statt verurteilte. Der anklagende Finger, der einst auf uns zeigte, verwandelte sich dort in eine offene, uns entgegengestreckte Hand. Das schreckliche, schnelle Schwert wurde durch den stützenden Arm Gottes ersetzt. Unser göttlicher Richter wurde zu unserem Retter. Unser Kritiker wurde zu unserem besten Freund. Nun hat die Gnade, nun haben die Vergebung, die Vollmacht und die Verheißung der Gnade das letzte Wort. Gott ist auf unserer Seite.

Und darum kann ich meinen menschlichen Kritikern mit aller gebührenden Achtung nahelegen, sich gefälligst um ihre eigenen Angelegenheiten zu kümmern. Ich kann zwar von anderen lernen, aber ich muß mich nicht mein ganzes Leben lang abmühen, ihnen zu gefallen. Ich kann von mir selbst lernen, aber sobald ich das belastende Urteil meines perfektionistischen Gewissens zu spüren bekomme, darf ich den Richter in meinem Inneren verlachen. Denn ich habe einen göttlichen Richter, dem das letzte Wort gebührt, und der ist jetzt mein Freund. Ich bin mir gewiß: Wenn er mich dereinst kritisieren wird, wird er sagen: „Es ist schon gut." Ich weiß, daß es nunmehr „keine Verdammnis" gibt, überhaupt keine. Ich bin frei.

Angesichts seiner Kritiker frei zu sein, ist nur eine Möglichkeit, die Gewißheit zu bekommen, daß das Leben auch dann gut ist, wenn alles ganz schlimm steht. Einige der schlimmsten Anfälle des Gefühls, daß alles ganz furchtbar sei, überkommen uns in Form von Schuld. Wir können uns ganz schlecht fühlen, wenn wichtige Menschen uns verurteilen oder wenn wir Angst haben müssen, sie könnten es tun. Wir fühlen uns schlecht, wenn unser eigenes Gewissen uns schuldig spricht. Fühlen wir aber, daß Gott „schon gut" sagt, dann können wir wenigstens damit anfangen, das Gefühl zu genießen, daß es dort mit uns zum besten steht, wo es wirklich darauf ankommt.

5. Sie können in einer wundertötenden Welt dennoch von Staunen erfüllt sein

Die Gabe des Staunens

. . . Denn ein jeder hörte sie in seiner eigenen Sprache reden. Sie entsetzten sich aber [und] verwunderten sich . . . Andere aber hatten ihren Spott und sprachen: Sie sind voll von süßem Wein.
(Apostelgeschichte 2, 6.7.13; rev. Lutherübers.)

Das muß man meinem Schwiegervater zugute halten: Er verstand es wie kaum ein anderer, seiner Frau das richtige Weihnachtsgeschenk zu machen. Er kaufte ihr Jahr für Jahr genau das, was sie sich wünschte. Er griff kein einziges Mal daneben, sondern wählte mit hundertprozentiger Treffsicherheit stets das Richtige. Er wußte immer im voraus, daß seine Frau nach dem Auswickeln eines seiner Geschenkpakete genau das darin finden würde, was sie sich am meisten wünschte. Seine Methode? Einfach. Meine Schwiegermutter ging jedes Jahr in ein großes Kaufhaus in der Innenstadt und suchte sich ihr Weihnachtsgeschenk selbst aus. Dann erzählte sie ihrem Mann nicht nur, was es war, sondern auch die Artikelnummer, und bei welchem Verkäufer er es bekommen könne. Dann ging er selbst ins Kaufhaus, tätigte seine Weihnachtseinkäufe und ließ das Gekaufte in buntes Geschenkpapier einwickeln. Damit war seine Aufgabe erledigt. Es gab kein Risiko, keine Besorgnis — und erst recht keine Überraschungen. Er verwendete

beim Weihnachtseinkauf das, was ich als das „Plätteisen-
verfahren" bezeichnen möchte: Man bügele alle Falten
der Ungewißheit heraus, ebne aber zugleich sämtliche
Gipfel des Staunens und der Überraschung ein.

Als meine Tochter noch klein war, ging sie ganz anders
an die Sache heran. Ich habe oft beobachtet, wie sie sich
selbst wegen der Pakete, die im Wohnzimmer unter dem
Weihnachtsbaum lagen, mit prickelnder Neugier pei-
nigte. Sie stocherte in dem Stapel solange herum, bis sie
die Pakete entdeckte, die für sie bestimmt waren. Dann
hob sie eines davon hoch und drückte es sanft, wie eine
vorsichtige Einkäuferin, die Tomaten auf ihre Reife über-
prüft. Sie schüttelte es behutsam, dann hielt sie es mit beiden Händen fest, um einen Eindruck von seinem
Gewicht zu bekommen. War sie mit diesem feierlichen
Ritual fertig, dann legte sie es langsam wieder hin. Sie
hätte alles darum gegeben zu erfahren, was in dem Paket
drin war. Doch wollte sie es wiederum nicht erfahren,
weil sie sich für später eine Überraschung wünschte. Sie
wollte es wissen; aber sie war bereit, um einer Überraschung willen im ungewissen zu bleiben. Sie wollte sich
wundern können, das Geheimnis bis zum herrlichen
Moment der Enthüllung auskosten.

Der Geist meines Schwiegervaters und der meiner
Tochter ringen in meinem Inneren um die Herrschaft.
Sie kämpfen um die Kontrolle über meine Einstellung
zum Leben im allgemeinen. Auf der einen Seite steht die
„Plätteisenhaltung". Ich gehe äußerst ungern Risiken ein
und gebe ebenso ungern zu, daß ich nicht weiß, was
Sache ist. Ich möchte alles um mich herum unter Kon-
trolle haben. Ich verlange eine Erklärung, aber keine
Überraschungen, bitte schön. In meinem Inneren befin-
det sich ein Wundertöter. Dennoch mag ich auch gern
Überraschungen; ich möchte sozusagen das Staunen am

Leben erhalten. Ich mag es sehr gerne, wenn mir vor Verwunderung der Mund offen stehen bleibt und die Knie schlottern, wenn ich Stielaugen bekomme und aus dem Staunen nicht herauskomme. Ich möchte, daß mein Leben staunenswert ist. Ich denke, Jesus Christus lädt uns ein, unseren Wunsch, alles unter Kontrolle zu haben, zu überwinden und uns auf die umwerfende Erfahrung des Staunens einzulassen.

Pfingsten war genau das Richtige, um beide, die Sich-Wundernden wie auch die Wundertöter, auf den Plan zu rufen. Als der heilige Geist bei der Geburt der neutestamentlichen Gemeinde herniederfuhr, ereigneten sich einige staunenswerte Dinge. Ganze Menschenmengen waren aus dem Ausland angereist, um dieses jüdische Fest in Jerusalem zu verleben, und am Pfingsttag herrschte im Tempel ein großes Gedränge. Plötzlich entstand ein unheimliches Geheul wie von einer starken Sturmböe, die um den Mast eines Segelschiffes pfeift; dabei war jedoch Windstille. Von oben fielen flutenähnlich kleine Flammen auf die Schultern der Nachfolger Jesu herab; es gab jedoch kein Feuer. Einige der Jünger begannen laut zu sprechen, und die Umstehenden, die nur die Sprache ihrer Heimat verstanden, wurden von jedem Wort ergriffen, das sie redeten. Das waren die Zeichen vom Kommen des Geistes, „große Dinge und wunderbar in unseren Ohren", wie der Dichter John Milton sagte.

Diese seltsamen, exotischen Ereignisse riefen zwei Reaktionen hervor. Die eine Gruppe wurde von Ehrfurcht ergriffen. Wir lesen, daß sie sich darüber „entsetzten" und „verwunderten", daß Leute, die den eigentümlichen Dialekt dieser Galiläer noch nie gehört hatten, ihn dennoch verstanden. Das waren die Staunenden. Eine zweite Gruppe war realistischer; ihrer Ansicht nach mußte es dafür eine Erklärung geben, und sie waren entschlossen, sie herauszubekommen. Das waren die „Plätteisen-Typen". Sie standen unter einem Zwang, die Gipfel des Staunens glattzubügeln, weil sie den Gedanken nicht ertragen konnten, daß etwas vor sich ging, über das sie keine Kontrolle ausüben konnten. Darum verfielen sie auf folgende Erklärung: „Diese Leute haben einen in der Krone. Sie sind betrunken, dun, sternhagelvoll. Das erklärt alles." Sehen wir für den Augenblick darüber hinweg, daß dieses Argument völlig unlogisch war — als könnte der betrunkene Zustand der Redner die Fähigkeit der Zuhörer erklären, sie zu verstehen! Hier wollen wir uns nur mit ihrer „Plätteisenhaltung" befassen. Man ebne die Gipfel des Staunens ein, damit man alles in schönster Ordnung halten könne.

Wenn Jesus kommt, löst er stets eine Krise des Staunens aus. Wo immer er auftritt, konfrontiert er uns mit der tiefschürfenden Frage, ob wir das Leben so angehen wollen, wie mein Schwiegervater Weihnachten anging, ohne Risiken und Überraschungen, oder ob wir bereit sind, das Staunen lebendig zu erhalten, wie es meine Tochter mit ihren Weihnachtsgeschenken tat, solange Weihnachten noch nicht da war. Werden wir uns manchmal zu denen gesellen, die zu Pfingsten ein Wunder sahen, das ihnen den Atem verschlug? Oder werden wir uns immer wieder unter denen befinden, die für alles eine Erklärung haben müssen? Gibt es Dinge in unserem Leben, über die wir staunen können? Oder sind wir zwanghafte „Plätteisen-Typen"? Jesus fordert uns auf, Raum für das Staunen zu lassen.

Es geschah, als er in einer Krippe zu Bethlehem zum ersten Mal die Weltbühne betrat. Die helleuchtenden Engel, die um die Hügel von Judäa schassierten, versetzten die Hirten in Angst und Schrecken. In ihrer Verwunderung liefen diese schnell zur Krippe, um das Kind zu sehen. Ein zweites Mal in Erstaunen versetzt, liefen sie hinaus, um es ihren Freunden zu berichten. Es wird uns gesagt, daß „alle, die es hörten, sich über das wunderten, was ihnen die Hirten erzählten" (Lukas 2,18). Sie waren noch nicht von der Plätteisen-Mentalität erfaßt worden.

So ging es sein ganzes Leben lang zu. Als Junge führte er einen Dialog mit Gelehrten, die mit allerhand klugen Wenn und Aber großgeworden waren; doch wird uns gesagt, daß sie sich über ihn verwunderten. Sein Leben lang versetzte er die Leute in Erstaunen. Gewöhnliche Sterbliche sahen ihn und merkten, daß mehr in ihm steckte, als auf den ersten Blick zu erkennen war. Der gesunde Menschenverstand sagte: „Wir haben nichts als den Sohn eines Zimmermanns vor uns." Er aber sagte: „Wenn ihr mich, den Sohn des Zimmermanns, erblickt, seht ihr Gott." Und als er es sagte, gerieten die Leute ins Staunen.

Auf die Apostel, die über sein Leben berichteten, machte das Staunen der Leute einen tiefen Eindruck. Hören wir, wie sie die Verwunderung, die er hervorrief, weitergeben: „Und es begab sich, als Jesus diese Rede vollendet hatte, daß sich das Volk entsetzte über seine Lehre" (Matthäus 7,28). „Und sie entsetzten sich über seine Lehre" (Markus 1,22). „Alles Volk verwunderte sich über seine Lehre" (Markus 11,18). „Und alle, die ihm zuhörten, verwunderten sich" (Lukas 2,47). „Und sie verwunderten sich über seine Lehre" (Lukas 4,32). „Und sie entsetzten sich sogleich über die Maßen" (Markus 5,42; alle Bibelzitate in diesem Absatz nach der rev. Lutherübersetzung).

Aber ebenso wie er einige Leute in Erstaunen und Ehrfurcht versetzte, rief er auch die Plätteisen-Denker auf den Plan. Die Pharisäer wollten in einer Welt leben, die der ordentlichen Herrschaft eines Gottes unterstand, der nach ihrer Pfeife tanzte. Wir können alles erklären, sagten sie selbstgefällig. In Wirklichkeit gibt es hier kein Geheimnis. Er ist vom Teufel besessen; er vollbringt seine Wunder durch die Kraft Beelzebubs. Für moderne Plätteisen-Geister ist das natürlich kein Ausweg, denn sie glauben, der Teufel habe zu existieren aufgehört, als Gott starb. Aber den Plätteisen-Geistern der Antike scheint es als Erklärung genügt zu haben.

Heute liegen ganze Legionen von Wundertötern auf der Lauer. Ich hege manchmal den Verdacht, daß es eine von den Plätteisen-Denkern der Welt organisierte internationale Verschwörung gegen das Staunen gibt. Sie tauchen nämlich überall auf. Lassen Sie mich drei ihrer wichtigsten Verstecke verraten, die Plätze, wo sie darauf lauern, der Verwunderung den Hals umzudrehen und das Staunen auszulöschen. Ihre Lieblingsverstecke sind die Television, die Technik und die Theologie.

Das heutige Fernsehen hat sich darauf spezialisiert, unsere Fähigkeit zu staunen abzutöten. Ist das Fernsehen wegen der vielen Sex- und Gewaltszenen schon schlimm genug, so stellt es wegen seiner Tendenz, das Staunen zu ersticken, eine weit schlimmere Gefahr dar. Es verwendet geniale Schöpferkraft, um alle Gipfel des Lebens einzuebnen. Das Fernsehen, ein Industriezweig mit Milliardenumsatz, lebt von der Prämisse her, daß das Leben nur aus dem Augenschein besteht. Ein paar völlig abgedroschene Gags in den Situationskomödien, ein wenig genormte Gewalt und einen Klecks banalsten Sex, mehr gibt es nicht. Keine echten Überraschungen; Dick und Doof werden sich nächste Woche ebenso albern aufführen wie letzte Woche, darauf ist Verlaß. Die wichtigste Regel der meisten TV-Sendungen lautet: Man ziehe dem Leben alles Geheimnisvolle ab und gestatte es einem

Plätteisen-Geist, der Einschaltquoten anbetet, die Gipfel des Staunens zu beseitigen.

Auch die Technik verhilft den Wundertötern zu reicher Beute. Ironischerweise erstickt sie das Staunen mit Hilfe ihrer eigenen staunenswerten Leistungen. Anfangs kamen wir ob der technischen Entwicklungen aus dem Staunen nicht heraus. Dann begannen wir zu glauben, die Technik könne alles beherrschen und alles erklären. Auf diese Weise zerstört das Wunder der Technik das Wunder des Lebens. Ein mechanisches Gerät umkreist den Planeten Venus, übermittelt Bilder, die sofort auf unseren Fernsehschirmen erscheinen, und der Durchschnittsamerikaner sagt: „Na und? Schalte wieder auf M*A*S*H um!" Ein Kind kann unbefleckt empfangen werden, nicht in der Gebärmutter einer Jungfrau, sondern in der Retorte; nicht durch die Kraft des Geistes, sondern durch das Geschick von ein paar Gynäkologen. Das Wunder der Empfängnis wird durch die Technik verdeckt. Masters und Johnston führen im Labor wissenschaftliche Untersuchungen über den Sex durch und nehmen ihm so alles Geheimnisvolle; sie machen den Sex weniger unanständig, dafür aber alltäglicher. In Jonestown, Guyana, ereignet sich ein schrecklicher Massenselbstmord, und bald darauf versuchen eifrige Journalisten, den Fachleuten für menschliches Verhalten eine Erklärung des furchtbaren Greuels abzuringen. Ich möchte schreien: „Nehmt dieser teuflischen Tat nicht alles Geheimnisvolle, Erstaunliche! Ich fordere, diese schreckliche Greueltat als Geheimnis stehenzulassen, das man nie begreifen kann. Ich möchte, daß es in meiner Welt noch Dinge gibt, über die ich mich wundern kann."

Dann gibt es mein eigenes Fach, die Theologie. Einst hatten Theologen die Aufgabe, das Geheimnis des Christus vor Ketzern zu schützen, die es schlicht wegerklären wollten. Die Ketzer, das waren die Plätteisen-Typen, die eine Erklärung dafür haben mußten, wie Gott und der Mensch in dem Menschen Jesus zusammenkommen konnten. Die Theologie sagte: Versucht nicht, es zu erklären; glaubt es und geratet darüber ins Staunen.

Später wandten sich manche Theologen gegen das Wunder, das zu schützen sie angeheuert wurden. Theologen des Plätteisen-Typs mögen keine ungeklärten Fragen, keine Rätsel. Deshalb machen sie die Luken unseres Denkens dicht und straffen die Segel unserer Glaubensgrundsätze. Ich denke daran, wie einige unter uns reagierten, als die charismatische Bewegung aufkam. Einige Leute machten Freudensprünge und sagten: „Ich bin geheilt; ein Wunder ist geschehen." Theologen des Plätteisen-Typs entgegneten: „Das kann nicht sein; nach unserer Theologie gibt es seit dem Tod der Apostel keine Heilungswunder mehr." Spüren Sie schon die Symptome des Wundertötens? Wir haben unser System; und bei Gott, wir können nicht erlauben, daß unsere irdischen Systeme durch Überraschungen umgestoßen werden! Aber solche Systeme machen das Staunen unmöglich.

Jesus Christus ist ein erklärter Feind der Plätteisen-Mentalität, sowohl der früheren als der heutigen. Wo immer Jesus auftritt, stehen die Türen des Lebens für das Staunen offen. Wer ihm begegnet ist, der weiß: Es gibt ganze Bereiche des Lebens, die sich nicht einfach in eine Decke aus rationalen Erklärungen einwickeln lassen. Wenn Jesus uns begegnet, macht er uns wieder für das Staunen offen.

Das Evangelium bietet sich unserem Glauben als großartiges Geheimnis dar. Rein vernunftgemäße Theorien über die Zeit und die Ewigkeit sind keine angemessene Reaktion auf die Fleischwerdung Jesu. „Gott ist in der

Mitte! Alles in uns schweige und sich innigst vor ihm beuge!" — das ist der Weg des Staunens.

> Er kommt aus seines Vaters Schoß und wird ein Kindlein klein;
> er liegt dort elend, nackt und bloß in einem Krippelein.
> Er äußert sich all Seiner G'walt, wird niedrig und gering
> und nimmt an sich ein's Knechts Gestalt, der Schöpfer aller Ding.
>
> (Nikolaus Herman, 1480 – 1561)

So dichtet nur einer, dessen Glaube keine Angst vor dem Staunen kennt. Wie können wir, nachdem wir Jesus Christus begegnet sind, annehmen, daß wir in einer Welt leben, in der das Staunen in den Sack des Rationalen gesteckt und unter einem Haufen Technik vergraben worden ist?

Die Gnade, die mit Jesus in die Welt kam, bietet sich unserer *Erfahrung* als ein mit Staunen erfülltes Leben dar. So tritt die Gnade als erstaunliches Wunder der Vergebung auf — genau in dem Moment, wenn ich meine, Gott müßte mich meiner Foulspiele wegen ein für allemal vom Platz stellen. Die Gnade erreicht mich als eine überraschende Kraft, wenn mein gesunder Menschenverstand sagt, ich würde mit dem Leben nicht mehr fertig. Die Gnade kommt als Wunder der Verheißung, wenn alles in meiner Welt sagt, das Leben sei hoffnungslos. „Amazing Grace" — „Ich rühm' die Gnade wunderbar, die mich, den Sünder, fand"; lassen wir zu, daß dieses alte Lied sich in unserem Herzen festsetzt, so werden wir uns nie wieder dem Staunen verschließen.

Halten wir dem Staunen die Tür offen, so werden auch

die ganz gewöhnlichen Menschen um uns herum eine sonderbare Aura des Geheimnisvollen annehmen. Jeder, den wir kennen, wird potentiell in der Lage sein, uns zu überraschen. Wir mögen zwar Menschen begegnen, die uns nicht sonderlich sympathisch sind, aber wir werden nie wieder einem Menschen begegnen, den wir unterschätzen. Das Staunen tötet Stereotype. All die Leute, die zu unserer „erweiterten Familie" gehören — ganz gleich, ob sie aufgrund bleibender Treue mit uns verbunden oder eher am Rande unseres inneren Kreises anzusiedeln sind —, sie alle sind ehrfurchtgebietende Geschöpfe, und jeder einzelne birgt in sich ein Geheimnis, das viel zu tief ist, als daß unseresgleichen es begreifen könnte.

Nehmen wir uns vor den erbarmungswürdigen Plätt-eisen-Geistern in acht, die das Geheimnis des freien menschlichen Geistes zu enträtseln vorgeben. Jene Verhaltensforscher beispielsweise, die leichtgläubige Intellektuelle dazu verleiten, die menschliche Freiheit und Würde dranzugeben und die Familie freier Menschen gegen eine Bevölkerung auszutauschen, die nur noch aus manipulierten Bündeln bedingter Reflexe besteht — wovor haben sie eigentlich Angst, diese Wundertäter der menschlichen Psyche? Befürchten sie etwa, daß in Wirklichkeit in jedem von uns ein Geheimnis steckt, das gerade dann zum Vorschein kommen und dem besserwisserischen Psychologismus die lange Nase zeigen könnte, wenn es den Anschein haben wird, daß dieser unsere wunder-volle Menschlichkeit getötet hat? Aber ich möchte es hier mit den Wundertätern psychologischer Theorie nicht aufnehmen; ich bin bereit, sie den Spielchen zu überlassen, die sie in den Labors unserer Universitäten betreiben. Ich möchte statt dessen auf die Wundertäter in unserem Inneren zu sprechen kommen.

Sie müssen doch zugeben, daß Sie von dem alten Schorsch nichts Neues oder Aufregendes mehr erwarten. Oder haben Sie Ihren Mann nach so vielen Ehejahren nicht etwa in die Schablone möglichst geringer Erwartungen gepreßt? Kann aber auch sein, daß Sie einfach blind geworden sind gegen die Vorräte an Geheimnisvollem, die in der Person, mit der Sie seit 20 Jahren zusammenleben, noch drinstecken. Diese Vorräte sind vorhanden, auch wenn Sie gegen Geheimnisse blind sein mögen. Da sind aber auch noch Ihre Kinder. Nachdem Sie die Handbücher über effektive Kindererziehung und all die empfehlenswerten Zeitschriftenartikel über Kinderpsychologie studiert haben, sind Sie recht zuversichtlich, daß Sie Ihre Kinder in- und auswendig kennen, nicht wahr? Oder wenn Sie selbst sie nicht verstehen, erwarten Sie doch, daß irgendein Fachkundiger es an Ihrer Stelle tut, oder? Tatsache ist jedoch, daß Ihre Kinder zutiefst geheimnisvoll sind — nicht etwa, weil sie ein wenig verrückt, sondern weil sie durch und durch menschlich sind.

Wir neigen dazu, unsere Eltern ebenso zu behandeln, vor allem dann, wenn sie etwas älter werden — als hätten sie keine Überraschungen mehr zu bieten, als steckte nichts Geheimnisvolles mehr in ihnen. Wir sollten jedoch vorsichtig sein, denn wahrscheinlich verbergen sie vor unseren Augen ein heimliches Ich, das an der Leine zerrt, weil es sich nach außen hin zeigen und denen, die ihre Eltern zu schnell abschreiben, die Zunge herausstrecken möchte. Mit die dümmste Art, unsere Beziehung zu unseren alternden Eltern zu verderben, ist die, ihnen zu versichern, daß wir „alles verstehen". Möglich, daß sie uns insgeheim auslachen und sich fragen, ob wir mit ein paar von ihren Geheimnissen fertig werden könnten.

Wenn wir uns auf das Staunenswerte in anderen einstimmen könnten, wären wir möglicherweise auf das Geheimnisvolle im eigenen Ich gefaßt. Es steckt mehr in mir, aber auch in Ihnen, als auf den ersten Blick zu erkennen ist. Sie haben nicht einmal angefangen, das Geheimnis Ihres Ichs und Ihres Geistes zu enträtseln; Sie sind ein tiefer, unergründlicher Mensch. Sie können kein oberflächlicher Mensch sein; Gott erschafft keine oberflächlichen Menschen. Sie können sich freilich, wenn Sie wollen, den Tiefen, die in Ihnen stecken, verschließen. Aber Sie können niemals oberflächlich sein.

Sind Sie Christ, so werden Sie das sehr viel deutlicher erkennen. Denken Sie einen Augenblick über diese erstaunliche Entdeckung Ihres Selbst nach. Können Sie sich wie folgt einschätzen und immer noch davon ausgehen, daß Sie ein oberflächlicher Mensch sind, bei dem man immer weiß, wie Sie reagieren werden: „Ich lebe, doch nicht ich, sondern Christus lebt in mir" (Galater 2,20)? Da haben wir die erstaunliche Wahrheit über Sie: Jesus Christus lebt durch seinen Geist in den Tiefen Ihres Seins, aber ohne Ihr wahres Ich beiseite zu schieben. Wenn Sie sich im Spiegel betrachten, sollten Sie Ihren Blick von Ihrem „Rettungsring" abwenden und lieber in die eigene Seele schauen und sich selbst als ein tiefes, staunenswertes Rätsel der Gottähnlichkeit erkennen. Lassen Sie nicht zu, daß die Plätteisen-Geister, die Wundertöter der Welt, Ihr Staunen über das geheimnisvolle Wunder Ihrer eigenen Seele zerstören.

Es bedarf in unserer Zeit der Gnade, damit wir für das Staunen offen bleiben und auf den Stupser Gottes, den Impuls des Geistes, und auf die Enthüllung der Tiefen im Herzen ganz gewöhnlicher Menschen gefaßt sind. Es bedarf der Gnade, zugleich ist es eine großartige Gabe. Wenn Sie in Ihrem Leben einen Platz haben, wo Sie große Augen machen, wo Sie vor Verwunderung beben und wo es Ihnen die Sprache verschlägt, dann sind Sie für das Staunen offen. Und da Sie für das Staunen offen sind, sind Sie auf gottgewirkte Überraschungen gefaßt, auch auf die größte von allen, nämlich daß es auch dann in Ordnung sein kann, wenn alles zum schlechten steht.

Möglicherweise werden Sie dann, wenn der Himmel über Ihnen einstürzt, wenn im Leben alles schiefgeht und Ihre Lage furchtbar zu sein scheint, etwas sehen, was andere nicht sehen, und zwar auf einer tiefen Ebene, von deren Existenz andere nichts erahnen. Sie werden möglicherweise erkennen, daß es mit Ihnen zum besten steht, weil sie sich in den Händen eines unsichtbaren, aber staunenswerten Gottes befinden. Wenn Sie sich aber dem Staunen verschließen, wird Ihnen dieses Gefühl, gerettet zu sein, abgehen. Machen Sie also Raum für das Staunen! Selig sind die Staunenden, denn sie werden Gott sehen, und nur sie werden sich selbst erkennen.

6. Leiden Sie mit den Leidenden, so tanzen Sie nach dem Rhythmus Gottes

Die Gabe des Leidens

Sind wir aber Kinder, so sind wir auch Erben, nämlich Gottes Erben und Miterben Christi, vorausgesetzt, daß wir mit ihm leiden. (Römer 8, 17)

Kürzlich sprach sich ein Bekannter bei mir über eine ungewöhnliche Sorge aus, die an seinem Gewissen nagte. Er sagte, das Leben habe schon lange keine Opfer mehr von ihm verlangt. Er habe eine wunderhübsche Frau und eine recht gute Ehe. Alle seine Kinder sähen gut aus und seien sowohl begabt als erfolgreich. Er selbst habe eine kräftige Konstitution und sei stark wie ein Bär. Im Berufsleben habe er sich einen nicht geringen Namen gemacht. Worüber er sich denn Sorgen mache? Darüber, daß möglicherweise etwas mit ihm nicht in Ordnung sei, weil alles so gutgehe.

Ich sollte hinzufügen, daß er Christ war und wußte: Jesus hat seinen Jüngern prophezeit, daß infolge ihrer Hingabe an ihn die Dinge manchmal schiefgehen würden. Mein Bekannter hatte jedoch nicht gelitten, jedenfalls nicht besonders. Welchen Schluß sollte er daraus ziehen? Hatte seine Hingabe an Christus womöglich eine Schwachstelle? Wie konnte es mit ihm zum besten stehen, wo doch alles so glattging?

Ungefähr zur gleichen Zeit wurde ich durch das mutmaßlich härteste Bibelwort über das Leiden aufgerüttelt.

Es lautet wie folgt: Wir sind Kinder Gottes zusammen mit Jesus — *vorausgesetzt*, daß wir mit ihm leiden. Es handelt sich hier um das Kleingedruckte in einer Fußnote zum Evangelium: Bewerbungen werden nur von Leidenden erbeten. Wir werden nur dann in den Himmel kommen, wenn wir auf Erden mit Jesus leiden. Die Sorgen meines Bekannten sind womöglich berechtigt.

Müssen wir leiden, um uns als Kinder Gottes zu qualifizieren, dann werden einige unter uns ihren Traum von einem angenehmen Leben revidieren müssen. Die meisten unter uns fragen sich angesichts des Leidens: *Warum?* Aber Jesus gebietet uns, angesichts des Leidens lieber so zu fragen: *Warum nicht?* Die meisten unter uns halten das Leiden für etwas, was wir unter allen Umständen umgehen sollten. Jesus erwartet, daß wir uns dafür entscheiden, mit ihm zu leiden, weil er dieses geringe Opfer von uns fordert. Weigern wir uns, es zu tun, so sind wir nicht seine Freunde und nicht Gottes Kinder.

Drücken wir es so deutlich aus wie möglich: Wir müssen etwas von der vermaledeiten Verkehrtheit des Lebens erleiden, damit wir entdecken, daß das Leben in seinem tiefsten Kern in Ordnung ist. Wir müssen Schmerz empfinden, den wir nicht empfinden wollen, Lasten tragen, die wir nicht tragen wollen, Elend ertragen, das wir nicht ertragen wollen, Tränen vergießen, die wir nicht weinen wollen. Fühlen wir jetzt keinen Schmerz, so werden wir letzten Endes die elendsten unter allen Menschen sein. Am Ende, wenn unsere letzte Stunde schlägt und wir die Feder aus der Hand legen, wird es nur dann mit uns zum besten stehen, wenn wir aufgrund der Verkehrtheit des Lebens gelitten haben.

Die Sache hat jedoch einen wichtigen Haken, etwas, was wir uns unbedingt ins Stammbuch schreiben sollten. Nicht jedes Leiden qualifiziert uns, Kinder Gottes zu sein. Es wird nicht lediglich deshalb mit uns zum besten stehen, weil das Schicksal uns mit der bloßen Faust einen harten Schlag versetzt hat. Der Haken an der Sache ist der, daß wir *mit einem anderen Leidenden* leiden müssen. Warum drücken wir es nicht gleich konkret und christlich aus? Wir müssen *mit Jesus* leiden. Wir sind „Gottes Erben und Miterben Christi, vorausgesetzt, daß wir mit ihm leiden." Das wäre also der Haken — ein ziemlich dicker, nicht wahr?

Darum: Ehe wir uns über unterschiedliche Leidensstile unterhalten, sollten wir uns darüber einigen, was wir unter Leiden verstehen. Probieren Sie es einmal mit folgender einfacher Definition: Leiden heißt Dinge ertragen, die man partout nicht ertragen möchte. Wenn man etwas unbedingt loswerden möchte und es nicht weggehen will, dann leidet man. Es braucht sich nur um etwas Ärgerliches zu handeln, vielleicht um eine Fliege, die im Schlafzimmer um unseren Kopf summt und sich nirgends niederläßt, während wir verzweifelt um den Schlaf ringen. Es kann sich aber ebensogut um eine Schuld handeln, deren Stachel wir bis zu unserem Tod spüren werden: um die Erinnerung daran, unseren Ehepartner verraten zu haben. Das Leiden kann, wie Kopfweh oder Knochenkrebs, mit einem körperlichen Schmerz einhergehen. Es kann aber ebensogut aus geistigen Qualen bestehen, beispielsweise aus der verzweifelten Einsamkeit, die uns überkommt, wenn einer unserer Lieben stirbt, oder aus dem Schmerz, den wir empfinden, wenn eines unserer Kinder Reißaus nimmt und in Schwierigkeiten gerät. Das entscheidende Merkmal des Leidens, das uns zur Zunft der Leidenden zusammenschmiedet, ist das heftige Verlangen, daß unser Schmerz, unsere Trauer, unser Verletztsein aufhören möchte, wiewohl wir nicht die Kraft haben, unserem Leid Einhalt zu gebieten. Daher ist jedes Leiden, gleich welcher Art, mit dem Gefühl gleichzusetzen, daß die Dinge mit uns schlecht stehen und daß wir sie nicht wieder in Ordnung zu bringen vermögen.

Es gibt indessen zwei Arten zu leiden, zwei Leidenswege, einen negativen und einen positiven, beide miteinander verflochten und verzahnt, untrennbar und doch unterschiedlich. Der eine Weg ist der, *unter einer Sache* zu leiden. Und der andere ist der, mit *jemandem* zu leiden. Leiden *unter* und leiden *mit!* Was die Leidensqualität betrifft, trennen Welten diese beiden Wege. Gestatten Sie mir, den Unterschied zu erklären.

Wir leiden *unter* etwas, wenn der Schmerz über uns kommt, uns mit seinen Klauen packt und uns zermalmt. Wir sind seine widerstrebende Beute. Dabei ist es ganz gleich, ob unser Leiden durch die Natur oder von anderen Menschen ausgelöst wird. Was seine Ursache auch sein mag, das Leiden greift uns an. Es erweist sich als ein listiger Feind, der sich an uns heranpirscht, ohne daß wir jemals wirklich darauf vorbereitet wären, und uns einen harten Schlag versetzt, wenn wir meinen, alles stehe zum besten. Zunächst unbemerkt, schleicht es sich in unser Leben ein wie ein stecknadelkopfgroßer Knoten in der Brust. Manchmal trifft es uns mit einer unwahrscheinlichen Wucht, beispielsweise wenn eine Frau die Nachricht erhält, daß ihr Ehemann gerade von einem Lkw überrollt worden ist. Manchmal ärgert es uns einfach in kurzen Abständen, vielleicht in Form einer unbestätigten Ahnung, daß unser Ehepartner ein Verhältnis hat. Wir leiden unter der Natur, wenn wir im Rücken einen eingeklemmten Nerv oder eine Metastase im Gedärm haben. Wir leiden unter Menschen, wenn wir von einem Gauner betrogen, von einem Freund verraten oder von einem Geliebten vernachlässigt werden. Ganz gleich, was es sein mag — wenn wir unter einer Sache leiden, werden wir zum Opfer. Unser Leiden ist unerwünscht, ungebeten, verhaßt; wir haben es uns nicht selbst ausgesucht. Wir ertragen es nur, weil wir keine andere Wahl haben. Es hat sich uns aufgehalst, wie ein hartnäckiger Fleck, der sich einfach nicht entfernen läßt.

Vermutlich kommt keiner durchs Leben, ohne unter irgend etwas oder irgend jemandem zu leiden. Deshalb müssen wir uns merken: Daß wir unter irgendeiner Sache leiden, bringt uns nicht ins Königreich. Wir erhalten nicht das Bürgerrecht im Reiche Gottes, weil die Natur in ihrer ganzen Grausamkeit oder irgendwelche miserablen Mitmenschen uns eine Ohrfeige verpaßt haben. Freilich werden wir auch nicht aus dem Gottesreich ausgeschlossen, weil wir das Glück hatten, dem zu entgehen.

Wir würden den Verstand verlieren, wenn wir wirklich glaubten, wir müßten unter irgendeiner Sache leiden, um uns für den Himmel zu qualifizieren. Ich kann mir vorstellen, daß es in diesem Fall zu einer Epidemie frommer Selbstquälerei käme. Gesunde Menschen, glücklich in der Liebe und mit allerlei Gutem gesegnet, könnten sich insgeheim betrogen fühlen, weil ihnen der Vorteil des Leidens vorenthalten würde. Krankhaft? Betrachten wir die Kehrseite der Medaille. Wer von Übeln, die jeden erschaudern lassen würden, niedergewalzt und mitgeschleift worden wäre, dürfte sich beglückwünschen, denn er hätte sich um den Preis seiner schrecklichen Schmerzen einen Platz erster Klasse im Himmel reserviert. Eine trügerische Hoffnung? Ja, aber ich wünschte, dem wäre nicht so; einige Leute erleiden in diesem Leben genug, um es unanständig erscheinen zu lassen, wenn ihnen auch im Jenseits das Glück versagt wird.

Es gibt eben keine Garantie; unsere Schmerzen

machen uns nicht zu sicheren Siegern. Es tut mir leid, aber so ist es nun einmal.

Soviel zum Leiden *unter* etwas; wir sollten uns jetzt dem eigentlichen Kern der Angelegenheit zuwenden: dem Leiden mit Menschen. Wir leiden *mit* anderen Menschen, wenn wir uns aus freien Stücken entschließen, uns durch ihre Verletzungen verletzen zu lassen. Hier sind wir kein Opfer mehr; wir entscheiden uns selbst, ob wir verletzt sein wollen oder nicht. Wir sind in diesem Leiden frei: frei, zu leiden oder davonzulaufen, frei, den Schmerz auf uns zu nehmen, und frei, ihn von uns zu weisen. Wir sind diesmal nicht verletzt, weil die Natur uns einen harten Schlag versetzt hat; wir sind verletzt, weil wir uns entschlossen haben, eine Verletzung zu teilen, die die Natur einem anderen auferlegt hat. Wir brocken es uns selbst ein, es ist unser eigenes Werk. Wir handeln selbst, indem wir uns in die Nähe eines Leidenden begeben und seinen Schmerz so lange in unser Herz sickern lassen, bis sein Schmerz zu unserem Schmerz wird. Wir entscheiden uns mit der Ironie selbstgewählten Schmerzes, einen Schmerz anzunehmen, auf den wir gut und gern verzichten könnten; wir bringen den festen Willen auf, mit einer Verletzung verletzt zu werden, die wir lieber nicht fühlen möchten; wir entschließen uns aus freien Stücken, eine Last zu tragen, die wir absolut nicht tragen wollen. So sieht das Mit-Leiden aus; es handelt sich um die höchste Macht der Liebe, uns unseren Mitmenschen näher zu bringen. Und wir kommen ihnen nicht näher, damit sie uns Vergnügen bereiten, sondern damit wir ihren Schmerz mit ihnen teilen.

Mit jemandem zu leiden, ist nicht minder schmerzvoll, als unter einer Sache zu leiden. Nicht die Menge an Schmerz macht den Unterschied aus. Der hat ausschließlich mit unserem Willen zu tun. Wenn wir unter einer

Sache leiden, erleiden wir sie einfach, mit edler oder gemeiner Gesinnung, mit heldenhaftem Mut oder ganz gewöhnlicher Feigheit; wir entscheiden uns nicht dafür. Aber wenn wir mit jemandem leiden, nehmen wir unser Leiden auf unsere eigene Kappe. Wir entscheiden uns, etwas zu tun, was wir weder müssen noch wollen; wir begeben uns mit offenen Augen in den Schmerz eines anderen Menschen hinein und nehmen diesen Schmerz für uns selbst in Anspruch.

Jedem, der über das Leben Jesu Bescheid weiß, wird es sofort einleuchten, wenn ich sage, daß er im Hinblick auf das Mit-Leiden mit anderen ein Genie war. Gerade dieses Mit-Leiden machte das irdische Leiden Jesu so vollkommen einzigartig. Er hatte enorm viel zu leiden, auch unter dem, was andere ihm antaten. Er hatte unter den Wutanfällen verängstigter Frommer zu leiden. Er litt unter der gefühllosen Grausamkeit des römischen Kaiserreichs. Er litt darunter, daß seine Freunde sich immer wieder bedenkenlos auf und davon machten. Er litt unter den harten Nägeln, die seine Hände und Füße durchbohrten. Und dennoch waren seine Leiden als Heiland der Welt nicht ihrer Menge wegen einzigartig. Es hat neben Jesus weitere große Leidende gegeben, und wir brauchen nicht nachzuweisen, daß der Schmerz Jesu wesentlich schlimmer war als der Schmerz der Märtyrer, die auf dem Scheiterhaufen verbrannt wurden, nachdem man ihnen langsam die Fingernägel herausgezogen hatte. Was das Leiden Jesu zu etwas Besonderem machte, war nicht seine Quantität, sondern seine Qualität, nicht die Menge seines Leidens unter anderen, sondern die Art, wie er mit anderen litt. Es war sein Mit-Leiden mit den Leidenden, das Jesus zum Heiland machte.

Jesus steckt noch immer in der Haut eines jeden Leidenden. Wollen Sie wissen, wer der Stellvertreter Christi auf Erden ist, dann brauchen Sie sich nur einen verletzten Menschen in Ihrer Umgebung auszusuchen. Jesus findet man dort, wo Menschen Dinge ertragen, von denen sie wünschen, daß sie weggehen würden, und wo man versucht, mit dem Leben fertig zu werden, obwohl alles ganz furchtbar ist. Die Verwundeten sind die irdischen Vertreter Jesu. Er weilt nicht als Besucher unter ihnen, nein, nicht einmal als tröstender Freund. Er ist einer von ihnen; er ist jeder von ihnen einzeln und er ist sie alle zusammen. Wir können von einer Identitätsübertragung reden; im Geist identifiziert sich Jesus völlig mit dem leidenden Menschen.

Jesus weist auf Leidende hin und sagt: „Da bin ich." Er sagt es, weil er es fühlt. Er fühlt ihren Schmerz; und dadurch, daß er den Schmerz der Leidenden teilt, stellt er sie sich selbst gleich. Jesus ist unser verletzter Mitmensch. Jesus ist unser verletztes Kind. Jesus ist unser verletzter Feind. Jesus ist jeder, der unter irgendeiner Sache leidet, die er selbst nicht gewollt hat. Und wer den Schmerz irgendeines leidenden Menschen fühlt, der leidet mit Jesus. Wenn Sie das bezweifeln, sollten Sie auf sein eigenes Wort hören:

Wenn ihr einen Gefangenen besucht, besucht ihr mich. Wenn ihr einem Nackten Kleidung gebt, kleidet ihr mich. Wenn ihr einem Hungernden zu essen gebt, gebt ihr mir zu essen. Wenn ihr am Bett eines Kranken ausharrt, harrt ihr dort mit mir aus. Wenn ihr eure Wohnung öffnet und einen Fremden einladet, ladet ihr mich ein.

(Matthäus 25, 31 – 46)

Hier spricht Jesus selbst.

Aber ich habe Jesus noch nie gesehen. Sie vielleicht?

Das tut nichts zur Sache. Jesus spricht: „Ich sage euch: Alles, was ihr für einen meiner Brüder getan habt, so gering er auch gewesen sein mag, das habt ihr für mich getan" (Matthäus 25,40 nach der New English Bible).

Damit hat er ganz gewiß die Katze aus dem Sack gelassen. Der Apostel Paulus sagt: Wollen wir, daß es zu guter Letzt mit uns zum besten steht, dann müssen wir mit dem leidenden Jesus leiden. Und Jesus sagt uns, wie: Wir leiden mit ihm, wenn wir mit irgendeinem Mitmenschen leiden, ganz gleich, ob nahe oder fern. Wir leiden mit Jesus, wenn wir mit unserem Ehemann, unseren Kindern, unseren Nachbarn leiden — oder mit einem Fremden, der in einem anderen Land lebt.

Darum läuft es beim Geheimnis des persönlichen In-Ordnung-Seins darauf hinaus, daß die Macht der Liebe uns die Kraft verleiht, mit anderen zu leiden. Und es komme mir jetzt keiner mit dem Unsinn, daß wir dies mögen; wir wollen doch keine fromme Selbstquälerei, die sich als Liebe ausgibt. Wir müssen den Schmerz hassen und ihn leidenschaftlich zum Teufel wünschen, damit er überhaupt als Leid zählt.

Verschonen Sie mich mit dummen Sprüchen darüber, daß das Leiden letztlich angenehm sei, weil es uns zu Heiligen mache. Wir sprechen hier von echtem Leiden, und leiden heißt sein Los nicht mögen. Aber die Macht der Liebe gibt uns die nötige Energie, uns dennoch für das Leiden zu entscheiden und es einfach mit der Person zu teilen, die es am Hals hat. Wir entscheiden uns dafür und bleiben dabei, auch wenn wir uns dabei winden und drehen; wir halten verzweifelt daran fest, auch wenn wir ebenso verzweifelt wünschen, daß es aufhören würde; wir entscheiden uns, es so lange zu fühlen, wie die andere Person es fühlt. Ja, die Liebe tut uns das manchmal an.

Wo finden wir denn jemanden, mit dem wir leiden

können? Lassen Sie uns in einigen vertrauten Bereichen herumstöbern und sehen, was dabei herauskommt.

Schauen wir uns doch mal die Ehe an. Jede Ehe ist eine Lese des Leidens. Romantische Lotosesser werden uns womöglich weismachen wollen, die Ehe sei als Vergnügungspalast geschaffen, in dem erotische Seelen sich in eine zwangsläufig erfüllende Beziehung stürzen. Sie treiben jedoch ein falsches Spiel mit uns. Unser Ehegelübde war ein Leidensversprechen. Ja, wir haben zu leiden versprochen; das nehme ich nicht zurück. Wir haben uns freilich nur zum Mit-Leiden verpflichtet. Wir bekommen unseren Anteil am Darunter-Leiden zugeteilt, ob wir wollen oder nicht. Versprochen haben wir nur mitzuleiden. Das war sinnvoll, da es wahrscheinlich war, daß die Person, die wir heirateten, auf dem Weg durchs Leben verletzt werden würde. Sie konnte kaum darum herumkommen, irgendwann, eher oder später, Schmerzen zu erleiden. Und wir haben versprochen, mit unserem Ehepartner zu leiden. Jede Ehe ist ein Leben geteilten Schmerzes.

(Sie haben sich — wohlgemerkt! — nicht verpflichtet, unter Ihrem Ehepartner zu leiden. Wenn Ihr Ehemann so grob ist und Sie körperlich oder seelisch mißhandelt, sollten Sie dem sofort einen Riegel vorschieben. Jesus will nicht, daß Sie sich zum ehelichen Fußabtreter hergeben.)

Eine Frau aber, die den Schmerz ihres vom Krebs verzehrten, elend dahinsiechenden Mannes teilt, weiß, was das Mit-Leiden bedeuten kann. Es kann sein, daß sie mehr darunter leidet als er. Möglicherweise sehnt sie sich danach noch mehr als er, daß das ganze Leid ein Ende findet. Während die Monate sich einer nach dem anderen hinziehen, wünscht sie manchmal, er würde es endlich hinter sich bringen und sterben und sie ihrer Trauer überlassen, damit auch sie das Ganze hinter sich bringen kann. Vielleicht nimmt sie es ihm übel, daß er so lange durchhält und mit einem Fuß im Grab dahinsiecht, während sie an jedem Tag ihres Lebens vor Schmerz ein wenig stirbt.

Es ist schwer, dieses Mit-Leiden, wenn es zu lange dauert. Ich verbitte mir jede honigsüße Heuchelei; es komme mir keiner mit zielbewußtem positivem Denken. Es lebe die Zweideutigkeit! Der springende Punkt ist der, daß die Frau sich trotz der negativen Gefühle, die sich in ihrem Herzen angestaut haben, dafür entscheidet, den Schmerz ihres Mannes mitzufühlen. Sie schaltet ihre Gefühle nicht ab, sie leugnet den Schmerz nicht; sie spürt das Allerschlimmste, dennoch bleibt sie in Liebe dabei. Und das ist echte Liebe: eine Liebe, die lange leidet. Wie lange? So lange, wie der andere leidet.

Die Gelegenheit, mit unserem Ehepartner zu leiden, wird uns nicht immer von einer Person gewährt, die eindeutig als „Leidende" zu erkennen ist. Ein Ehemann posaunt seinen Schmerz nicht immer hinaus. Vielleicht rechnet er damit, daß seine Frau die Gabe hat, seinen Schmerz außersinnlich wahrzunehmen, daß sie sein Verletztsein verspürt, ohne daß er es zugeben muß. Vielleicht versteckt er sein Leiden. Der gedämpfte Schmerzensschrei, der sich in wortreichen Wutausbrüchen äußert; das verletzte Herz, das sich hinter einem lachenden Gesicht, die zitternde Furcht, die sich hinter einer überschwenglichen, aber gespielten Tapferkeit, die Erschütterung, die sich hinter äußerer Ruhe verbirgt — wir brauchen einen empfindlichen Seismographen, um einigen dieser unter der Oberfläche stattfindenden Beben im Leben unseres für Schmerz anfälligen Partners auf die Spur zu kommen.

Leiden wir mit einer Person, die andere über ihre Verletzungen hinwegzutäuschen pflegt, dann müssen wir mit ihr mitleiden, so wie sie ist, auch wenn sie andauernd ihre Schmerzen verschweigt. Wir können nicht warten, bis sie „mit ihren Gefühlen Tuchfühlung bekommt", wie man in der Psychotherapie sagt. Wir können nicht warten, bis sie sich stark genug fühlt, um uns ihren Schmerz anzuvertrauen. Wir werden möglicherweise doppelt leiden müssen — an dem Schmerz, den sie verbirgt, aber auch an dem Schmerz, der daraus entsteht, daß sie ihn verbirgt. Was das Ganze noch schwerer macht: Wir werden möglicherweise mitleiden müssen, ohne irgendeinen Dank dafür zu bekommen. Menschen, die gewohnheitsmäßig ihre Verletzungen verschweigen, lassen es uns nicht wissen, wenn sie merken, daß wir ihre Schmerzen mitfühlen. Und am schlimmsten ist, daß dieser Zustand so lange andauern kann wie unsere Ehe. Darum: Finden wir uns um Himmels willen mit unserer Rolle als unbesungene Leidende ab! Zwingen wir unseren Partner nicht, über sein Leid zu reden, bevor wir nicht selbst bereit sind, es mitzufühlen. Vielleicht werden wir einen Schmerz teilen müssen, dessen Existenz wir nur erahnen können. Und wir werden ihn möglicherweise recht lange teilen müssen.

Das Mit-Leiden mit einem Ehepartner, der seinen Schmerz vor uns verbirgt, ist eine Kunst für sich. Keiner unter uns beherrscht sie vollkommen. Aber auch ein pfuschender Dilettant hat sich als einer qualifiziert, der mit Jesus leidet.

Dann gibt es unsere lieben Kinder; sie verschaffen uns immer wieder die prächtigsten Gelegenheiten, mit Jesus zu leiden. Natürlich sind sie eine Gabe vom Herrn: Wohl dem, der mit ihnen seinen Köcher gefüllt hat. Das sagte der Psalmist, und ich möchte seine Aufrichtigkeit keineswegs anzweifeln; nur meine ich, daß er es sagte, ehe seine eigenen Kinder das Alter der freien Willensbestimmung erreicht hatten. Vor einigen Monaten führten uns mein Neffe und seine Frau ein im Krankenhaus aufgenommenes Video vor. Es zeigte, wie ihrem Baby zum erstenmal die Windeln gewechselt wurden: die beste Show, die man sich denken konnte, in der Hauptrolle der schmutzige Po eines prächtigen Babys. War schon das Wickeln ein Medienereignis, so ist dem ersten Wort, das dem Kind eines Tages entfahren wird, ein Spot zur Hauptsendezeit sicher. Und dennoch: Als meine vor Freude fast wahnsinnigen Verwandten diesen ihren Erstgeborenen in die Welt setzten, schrieben sie sich an der Hochschule für leidende Eltern ein. Auch das schönste Baby auf Erden wird sich spätestens bis zu seinem 15. Lebensjahr als Aufforderung zum Leiden erweisen. Wer ein Kind zeugt, der verpflichtet sich zum Leiden.

(Das Mit-Leiden mit unseren Kindern ist — wiederum wohlgemerkt! — nicht damit gleichzusetzen, daß wir unter ihnen leiden. Kinder können uns durch den Schmerz, den sie uns zufügen, fast um den Verstand bringen. Sie lassen nicht zu, daß unsere Träume für sie Wirklichkeit werden. Sie können sich wie halbmenschliche Wilde verhalten, unser unsicheres elterliches Ego zerschmettern, ein hoffnungsfrohes Herz brechen. Ein leicht verrückter Jugendlicher reicht vollkommen aus, um die größte Seele verdorren zu lassen. Das hat jedoch nichts mit dem Mit-Leiden zu tun — obgleich es sehr wohl der Anlaß dazu sein könnte. Ich möchte einen einfachen Test nennen, anhand dessen wir den Unterschied feststellen können: Immer wenn wir das Gefühl haben, unser Sohn oder unsere Tochter gehe uns auf die Nerven, leiden wir wahrscheinlich unter und nicht mit ihm oder ihr.)

Lassen Sie mich ein bescheidenes Beispiel für das Mit-Leiden anführen. Vor rund einem Jahr entschloß sich mein Sohn Charley, den Motor seines uralten VW in eine individuell hergerichtete Supermaschine zu verwandeln. Als Anfänger ahnte er kaum, auf was für ein mühsames Abenteuer er sich eingelassen hatte, aber er begann sich eines nach dem anderen die Einzelteile eines neuen Motors zusammenzukaufen — erst einen neuen Vergaser, dann einen Verteiler, als nächstes einen Kondensator. Viele Monate später waren endlich alle Teile zusammengebaut, und der vollständige Motor stand schimmernd in Charleys Schlafzimmer wie eine phantastische zeitgenössische Skulptur. Als nächstes mußte er im Wagen selbst montiert werden; eines wunderbaren Morgens um zwei Uhr früh wurde er also mit äußerster Sorgfalt an seinen Platz manövriert. Aber sobald er sich dort befand, stellte sich eine Reihe unvermeidbarer kleinerer Pannen ein — mal lief etwas Öl aus, mal gab es einen Kurzschluß —, und diese zögerten den herrlichen Augenblick endlos, wie es schien, hinaus. Endlich nahte aber der große Tag. Da die Vergaser ein letztes Mal getunt werden mußten, ehe Charley den verhätscheltsten VW-Motor Kaliforniens anlassen mochte, schleppte er den Wagen an einem Montag in eine Spezialwerkstatt, ließ ihn über Nacht auf dem Parkplatz vor der Werkstatt stehen und wartete gespannt auf den Dienstagnachmittag, um den Wagen endlich zu starten und mit ihm eine Spritztour zu machen. Ein Jahr lang hatte er geknapst, ein wenig geflucht und eine Menge geschwitzt — nun sollte das Ganze mit dem Umdrehen des Zündschlüssels und dem himmlischen Aufheulen dieser mordsmäßigen Maschine seinen herrlichen Höhepunkt erreichen.

Es sollte nicht sein, jedenfalls noch nicht. Während dieser letzten Nacht brach der elendste Schuft aller Zeiten den Wagen auf, entwendete sämtliche mit Schrauben und Bolzen befestigten Teile des prächtigen Motors und hinterließ nichts als einen kahlen Klotz aus Blech. Man muß nicht an Krebs erkranken oder einen Herzinfarkt bekommen, um leiden zu können. Charley hat an diesem Tag gelitten, und seine Mutter und ich haben mit ihm gelitten, das können Sie mir glauben. Wir teilten seine Wut, seinen Ärger darüber, daß er bestohlen, nein, nicht bloß bestohlen, sondern ausgeraubt und um etwas gebracht worden war, was ihm sehr ans Herz gewachsen war. Wir versetzten uns in seine Seele und empfanden wie er den heftigen Wunsch, jemandem den Hals umzudrehen. Und indem wir mit ihm litten, litten wir in sehr einfacher Weise mit dem Herrn Jesus.

Es ist freilich nicht schwer, mit einem Kind zu leiden, das sich in einer Krise befindet. Die Krise wird durch einen Außenstehenden ausgelöst; wir und unser Kind können auf den Schuldigen zielen und ihn gemeinsam niedermähen. Wir fühlen uns nicht bedroht; unser edler elterlicher Stil steht nicht zur Debatte. Unser Mitgefühl fließt ganz einfach mit dem Adrenalin. In der Tat, eine Krise des Leidens bietet uns eine einmalige Gelegenheit, die Zärtlichkeit, die wir normalerweise nicht nach außen hin zeigen, offen an den Tag zu legen.

Das Mit-Leiden wird um so schwerer, je länger der Schmerz sich hinzieht, vor allem dann, wenn er im Inneren unseres Kindes für sich einen Schützengraben aushebt. Manchmal schwelt der Schmerz vor sich hin wie ein untätiger Vulkan voll feuriger Lava, die zwar ständig in die Höhe zu schießen droht, aber vor unseren Augen verborgen bleibt, sofern wir nicht gerade einen Blick über den Rand des Kraters wagen. Es ist schwer, mit unserem Kind zu leiden, wenn es insgeheim leidet, sein Verletztsein verbirgt, einzig seine Wut und seinen Zorn zutage treten läßt; es ist schwer, mit ihm zu leiden, wenn es mit den Schneidezähnen seiner Gehässigkeit unser

Herz zerreißt. Unser eigenes Kind fällt über uns her, und wir sehnen uns danach, daß irgend jemand kommt und mit uns leidet. Wie können wir mit ihm leiden, wo wir doch unter ihm leiden?

Vielleicht versinkt das Kind allmählich im schwarzen Loch seiner Verzweiflung und schämt sich darüber, daß es ein hoffnungsloser, freudloser Verlierer ist, der nicht die Kraft hat, wieder herauszuklettern. Wir sind dann so klug und merken, daß es verletzt, verwundet und in einer Art Hölle für Heranwachsende gefangen ist; aber das Kind läßt uns nur den Schaum sehen, der auf seinem aufgewühlten Groll schwimmt. Wir wissen, daß es uns liebt, doch erhalten wir von ihm nichts als Haß. Wir bemühen uns, ihm näherzukommen, doch hat es nur den einen Wunsch: daß wir draußen bleiben mögen. Nachts beten wir, aber auch von oben her ist nichts als Schweigen zu vernehmen. Wir können nicht einmal anfangen zu verstehen. Im Laufe der Zeit ertappen wir uns immer wieder dabei, uns vor uns selbst in Schutz zu nehmen: Wir sind kein schlechter Vater, keine schlechte Mutter gewesen und weigern uns, die Schuld auf uns zu nehmen. Während wir aus Notwehr mit den Zähnen knirschen, wird die scharfe Schneide unseres Mitgefühls mit unserem Kind stumpf, und wir fangen an, uns selbst zu bemitleiden. Das Mit-Leiden ist schon schwer.

O Gott, du weißt, wie schwer es uns manchmal wird, vor allem dann, wenn uns irgendein Dummkopf seinen Sohn als Sieger vorführt. Warum kannst du es denen nicht leichter machen, die mit Menschen, die sie lieben, zu leiden versuchen?

Dann gibt es die Nachbarschaft. Immer wenn ich daran denke, mit den Leidenden der Welt zu leiden, macht mein gebildeter Geist einen Sprung und landet bei den abgemagerten kleinen Mädchen, die uns in den Werbespots für die Welthungerhilfe entgegentreten, diesen Kindern aus einer weitentfernten Welt. Und ich bin mir sicher, daß es nirgendwo Leidende gibt, die uns so unwiderstehlich zum Mit-Leiden nötigen wie hungrige Kinder. Dennoch ist neulich auch in meiner Nachbarschaft etwas passiert, was mir und meinem Hause das Mit-Jesus-Leiden etwas näher brachte. Lassen Sie mich erzählen, worum es sich handelte.

Wir wohnen in einer ruhigen, reputierlichen Gegend, in der die Straßen von mittelständischen, ranchartigen, mit Stuck verzierten Häusern gesäumt sind, deren Preise dermaßen in die Höhe geschossen sind, daß keiner der Bewohner es sich heute leisten könnte, sein Domizil zu kaufen. Eine Straße weiter aber steht ein älteres Haus, das recht baufällig aussieht. Es ist ziemlich groß — zehn Schlafzimmer. Nachdem eine vielköpfige, lärmende Familie ausgezogen war, stand es eine Weile leer, aber dann wurde es an eine Gruppe Christen vermietet, die es als Rehabilitationszentrum für junge Männer verwenden wollten.

Es sollten zehn oder zwölf Männer im Alter zwischen 18 und 24 Jahren untergebracht werden, Männer, die, wie man hoffte, auf dem Weg in ein neues Leben waren. Sie hatten eines gemeinsam: Schwierigkeiten, mit der eigenen Familie im eigenen Zuhause zu wohnen. Einige hatten Drogen genommen, ein paar waren straffällig geworden, keiner von ihnen kam mit dem Leben zurecht. Aber sie alle sehnten sich nach dem Neuanfang, den sie hier im Heim zu finden hofften, wo sie diszipliniert zu leben, ihren eigenen Lebensunterhalt zu bestreiten und ihren Teil dazu beizutragen hätten, das Haus in Schuß zu halten.

Ihre Anwesenheit in unserem Viertel verstieß gegen die Auflagen für reine Wohngebiete. Und dann gab es natürlich die Sorge um den Wert der benachbarten Häuser und Grundstücke. Würden unsere Häuser einen Wertverlust erleiden, wenn eines von ihnen in ein Zentrum umfunktioniert wurde, wo ein Dutzend geplagte Geister Heilung fänden? Wäre diese Gegend für unsere Mädchen überhaupt noch sicher? Eine berechtigte Frage. Viele Nachbarn hatten Angst, einige wurden hysterisch. Unterschriftensammlungen machten die Runde: „Schafft die Gruppe aus unserem Viertel fort! Rettet unsere Grundstücke! Rettet unsere Töchter!" Die Mehrzahl der Nachbarn trug sich ein.

Ein paar Nachbarn zögerten. Sie dachten an die Eltern, die ihrer Söhne wegen die Hölle durchgemacht hatten und bei denen ein Fünkchen Hoffnung aufgekommen war, seitdem ihre auf die schiefe Bahn geratenen Sprößlinge ein Plätzchen gefunden hatten, wo sie mit Gottes Hilfe wieder auf die Beine kommen könnten. Diese Nachbarn begannen die alten Verletzungen und die neuen Hoffnungen der Eltern mitzufühlen, begannen mit ihnen mitzuleiden, aber auch mit den jungen Männern, die einen sicherlich schmerzvollen Kampf vor sich hatten. Es war ihnen deshalb nicht möglich, sie mit einem Federstrich aus dem Viertel vertreiben zu lassen. Vielleicht litten sie dadurch ein ganz klein wenig mit Jesus.

Meine Frau, meine Kinder, meine Nachbarn von der nächsten Straße? Wo bleibt die weltweite Vision? Es muß doch wichtigere Wege geben, mit anderen zu leiden! Reden wir von den Bettlern, die in Kalkutta an Straßenrändern hocken, deren Rinnsteine Aborte sind. Oder von den unterdrückten Opfern institutionalisierter Gewalt in Guatemala. Und wie steht es um die hungrigen Kinder in Uganda? Ja, warum nicht, natürlich; wir sollten unbedingt unsere bürgerlichen Grenzen sprengen.

Das Mit-Leiden ist Sache revolutionärer Priester wie Dom Helder Camara und barmherziger Nonnen wie Mutter Teresa, die sich dadurch mit den Armen identifizieren, daß sie sich ihnen zugesellen. Vielleicht wäre das der nächste Schritt: aus dem stuckverzierten Wohnblock ausziehen und in die stinkenden Gossen des Gettos gehen, wo die Menschen wirklich leiden. Warum nicht? Für uns jedoch, die wir mit der Vorstadt verwachsen sind, sind die Geschwister Jesu momentan diejenigen, die uns durch das wunderbare Band der Treue und der Liebe verbunden sind, das man Familie nennt. Beginnen wir dort, so bereiten wir uns wenigstens auf den großen Einsatz vor. Erst krabbeln, dann laufen — Sie verstehen mich doch?

Spielen wir noch einmal das gleiche Lied. Wir können uns nur darauf verlassen, Kinder Gottes zu sein, wenn wir uns entscheiden, mit seinen verletzten Kindern zu leiden. Mit anderen Worten: Es steht nur dann im tiefsten Kern mit uns zum besten, wenn wir das ganz Schlimme erfahren, das andere fühlen müssen.

Das läßt sich leicht sagen. Nur bin ich manches Mal zu müde, um die Last eines anderen mitzutragen. Erwarten Sie wirklich von mir, daß ich den Schmerz der Welt auf meine Schultern nehme, nachdem ich mich die ganze Woche abgemüht habe, um ein paar Buicks an ein Publikum zu verkaufen, das sich nur noch für die lausigen kleinen Importwagen interessiert? Wie kann ich die Angst meiner Frau mitfühlen, wo ich mich doch so fürchterlich erkältet habe? Außerdem weiß ich manchmal einfach nicht, wie. Wie leide ich mit meiner depressiven Tochter mit, wenn sie mich anschreit, ich solle verschwinden und sie in Ruhe lassen? Ich bin zu müde, Jesus. Ich bin ja kein Psychologe, der 60 Dollar die Stunde einstreicht.

Woher sollen wir, die wir selbst Schmerzen genug haben, die Kraft nehmen, die Verletzung eines anderen über einen längeren Zeitraum hinweg mitzufühlen, ohne daß irgendeine Erleichterung in Sicht wäre? Wir brauchen mehr Liebe, als uns zur Verfügung steht. Aber Gott ist die Liebe. Deshalb brauchen wir Gott. Wozu es leugnen? Wir brauchen Gott, wenn wir über unsere eigene Müdigkeit und Schwerfälligkeit hinauskommen und uns in das Leben eines anderen hineinversetzen wollen, nicht damit wir unseren Spaß an ihm haben, sondern damit wir seinen Schmerz in uns aufnehmen. Damit wäre alles gesagt. Können wir es ohne Gott nicht tun, so bedeutet das, daß wir es, wenn überhaupt, mit Gott tun. Darum: Leiden wir tatsächlich mit einem anderen, und sei es nur ein wenig, so können wir sicher sein, daß wir uns von der Woge Gottes tragen lassen. Wir handeln, wie Gott handelt.

Gottes eigene Reaktion auf das Leiden besteht darin, sich den Leidenden zuzugesellen, ihr Leid zu fühlen und mit ihnen mitzuleiden. Ein Leidender schreit zu Gott aus der schrecklichen Verkehrtheit seines Lebens heraus: „Warum hast du mich verlassen?" Gott reagiert darauf, indem er sich ihm mitten in der schlimmen Verkehrtheit seines Lebens zugesellt. Jesus hängt an einem Kreuz, und irgendwie hängt Gott dort mit ihm. Gott gesellt sich zu uns und wird um seiner Mühe willen gekreuzigt.

Darum: Wenn ich den Wunsch verspüre, das Leid eines Leidenden zu teilen, darf ich wissen, daß es inmitten der Verkehrtheit dessen, was in seinem Leben vorgeht, mit mir zum besten steht. Das hat folgenden Grund: Wenn ich mich in einen anderen hineinversetze und seinen Schmerz mitfühle, bin ich dem höchsten Sinn und der höchsten Kraft des Universums auf der Spur. Daß ich es nur unzureichend tue, wollen wir dahingestellt sein lassen. Daß ich es überhaupt nicht gern tue, lassen wir ebenfalls dahingestellt sein. Harre ich mit dem unerhörten Schmerz eines anderen aus, dann habe ich mich Jesus zugesellt. Und das bedeutet, daß es mit mir zum besten steht. Ich habe damit angefangen, errettet zu werden. Ich bin ein Erbe Gottes. Es steht mit mir zum besten, auch wenn alles ganz schrecklich sein mag.

Gottes Weg des Mit-Leidens wird, so hoffen wir, eines Tages ein Ende finden. „Gott wird abwischen alle Tränen von ihren Augen" (Offenbarung 21,4; rev. Lutherübers.). Dann wird alles in Ordnung sein. Und es ist durchaus in Ordnung, daß wir diese Hoffnung haben. Für den Augenblick jedoch entdecken wir nur dann, daß alles mit uns in Ordnung ist, wenn wir unsere Wangen mit den Tränen derer benetzen, die noch weinen.

7. Sie sind nur ein irdenes Gefäß, doch gibt es bei Gott einen Markt für Töpfe mit Sprung

Die Gabe, ganz gewöhnlich zu sein

Wir haben [...] diesen Schatz in irdenen Gefäßen, damit die überschwengliche Kraft von Gott sei und nicht von uns.
(2. Korinther 4,7; rev. Lutherübers.)

Sie sind qualifiziert, Träger der größten Gabe Gottes an die Menschheit zu sein. Das mag freilich nicht das größte Kompliment sein, das ich Ihnen machen könnte, denn Gott verschickt seine großartigsten Geschenke in schlichtem braunem Packpapier. Sein größter Schatz kommt in Gefäßen aus gemeinem Ton daher. Gott offenbart seine Gnade durch ganz gewöhnliche Gesichter. Und dennoch ist die Erkenntnis umwerfend: Das Angesicht Gottes könnte das Gesicht sein, das wir unserem Nächsten zeigen.

Wir haben diesen Schatz in irdenen Gefäßen. Selbstverständlich sind wir selbst die Gefäße, jeder für sich allein und alle zusammen — gemeine Tonklumpen, Träger der größten Gabe, die der menschlichen Familie jemals zuteil wurde. Gott verpackt und verteilt seine göttliche Gabe in ganz gewöhnliche, nicht-göttliche Menschlichkeit, damit wir sie nicht aus lauter Bewunderung für die Verpackung mißachten.

Wir sind selbst die Gefäße; um was für einen Schatz handelt es sich?

Paulus sagt uns, daß es sich um den Schatz der

„Erkenntnis der *Herrlichkeit* Gottes in dem Angesicht Jesu Christi" handelt. Mit Erkenntnis ist stets ein Wissen gemeint, das auf Erfahrung beruht. Wir haben es hier also nicht mit einer rein intellektuellen Angelegenheit zu tun, obwohl der Verstand ganz gewiß nicht zu kurz kommt. Gott kennen heißt ihn erleben, mit ihm leben, von ihm geliebt werden und ihn lieben. Und wer die Herrlichkeit Gottes erlebt, der erlebt die Vortrefflichkeit Gottes, seinen Lichtglanz, und erkennt das Geheimnis seines wahren Wesens.

Wo erleben wir die Herrlichkeit Gottes? Hinweise auf seine Herrlichkeit sehen wir ohne Zweifel im Zittern der himmlischen Heere. Wir hören das Gerücht seiner Herrlichkeit in tausend Symphonien. Wollen wir jedoch erleben, wie Gott wirklich ist, und seine Herrlichkeit erkennen, dann sehen wir sie im Angesicht eines Menschen, der Jesus heißt.

Im Angesicht Jesu? Wir dürfen dabei nicht nur an das Spiegelbild denken, das er in einem Teich gesehen hätte, nicht nur an die Wangen, über die eine Träne rinnen konnte, nicht nur an strahlende jüdische Augen, die niemals durch Furcht oder Scham getrübt wurden. Das Angesicht Jesu ist das lebendige Profil eines Menschen, der unter denen an die Arbeit ging, die ihn brauchten und ihm zugetan waren. Mit dem Angesicht Jesu ist alles gemeint, was er für die Menschen war, alles, was er sagte, alles, was er tat. Das Leben Jesu, in seiner Totalität wie im Detail, die Tränen der Trauer, die schwachen Seufzer, die kraftvollen Wunder, die Worte der Wahrheit — das alles ist das Angesicht Jesu. Das alles meinte er, als er sagte: „Wer mich gesehen hat, der hat Gott den Vater gesehen" (Johannes 14,9 nach der New English Bible).

Die Gesichtszüge Gottes erkennen wir am deutlichsten, wenn wir unseren Blick auf drei Angelpunkte seiner menschlichen Gegenwart richten. Der erste ist seine Geburt. Der zweite ist sein Tod. Der dritte ist seine Auferstehung und Himmelfahrt. Diese drei Momente geben uns die eingehendste Erklärung der Herrlichkeit Gottes.

Wir sehen in der Geburt Jesu den Gott, der in schwacher, verwundbarer menschlicher Gestalt zu uns kommt. Gott entscheidet sich, unsere Lage und unseren Zustand mit uns zu teilen. Gott ist mit uns. Wir sehen im Tode Jesu den gegenwärtigen Gott, der in menschlicher Gestalt leidet. Gott entscheidet sich, für uns Partei zu ergreifen, statt unser Feind zu sein. Gott ist für uns. Und in der Auferstehung und der Himmelfahrt Jesu sehen wir Gott in siegreicher menschlicher Gestalt. In dieser Gestalt ist Gott in uns, er schleicht sich sogar in die Tiefen unseres Seins — als der Geist Christi. Drei Ansichten Jesu, drei Ansichten Gottes.

Hier haben wir also, im Überblick sozusagen, die Herrlichkeit Gottes. Hier erkennen wir das wahre Wesen Gottes, das heißt, wir erkennen, wie er wirklich ist. Er ist der Gott, der mit uns ist, der Gott, der für uns ist, und der Gott, der in uns ist. Kurzum, immer wenn Gott sein Angesicht zeigt, zeigt er seine Gnade. Der Schatz, den er bei uns zu deponieren gedenkt, ist nichts Geringeres als die Gnade Gottes. Denn wenn wir von „Gnade" sprechen, meinen wir folgendes: die Verheißung, daß Gott mit uns ist, die Kraft, die uns zufließt, weil Gott in uns ist, und die Vergebung, die wir empfangen, weil Gott für uns ist.

Nun sind wir bereit, die Hauptthese zu hören. Gott gibt diesen Schatz in irdene Gefäße, wie wir es sind. Wir sind gemeine Tonklumpen, dennoch vertraut Gott uns seine der Menschheit zugedachte Gabe an. Er, der sich einst in Jesus offenbarte, zeigt jetzt sein Angesicht mittels unserer ganz gewöhnlichen Menschlichkeit. Das ist wirklich ein Wunder, bei dem es zu verweilen lohnt.

Wir haben es hier selbstverständlich mit einer Bildrede zu tun. In Wirklichkeit sind wir keine Tonklumpen, sondern prächtige Menschenkinder, Ebenbilder eines schönen Gottes. Und doch erinnert einiges an uns an einen Tonklumpen, jedenfalls genügt es, um eine Metapher herzugeben, die eine Menge aussagt sowohl über uns wie auch darüber, wie Gott durch Menschen wie uns in Erscheinung tritt.

Wir sollten uns als erstes daran erinnern, daß jedes irdene Gefäß einzigartig ist. Wenn jemand ein irdenes Gefäß Gottes ist, bedeutet das auf keinen Fall, daß er in eine Schablone gepreßt wird. Geschickte Hände können Tonklumpen auf der Töpferscheibe zahllose Formen verleihen. Einige sind so schlicht, daß wir sie in Makramee einwickeln wollen, ehe wir sie auf die Veranda stellen. Aber ein Topf aus Ton kann so exquisit sein, daß ein Dichter wie John Keats ihm eine unsterbliche Ode widmet[1]. Irdene Gefäße haben keineswegs alle eine einheitliche Form, einen einheitlichen Stil, dasselbe Geschlecht, die gleiche Farbe.

Endlos in ihrer Vielfalt, irdene Gefäße haben dennoch einiges miteinander gemeinsam; das trifft auch auf Sie und mich zu, und wir alle haben einiges mit irdenen Gefäßen gemeinsam. Ich möchte drei Eigenschaften irdener Gefäße besprechen, Eigenschaften, die auch Ihnen eigen sind. Irdene Gefäße sind *zerbrechlich*. Irdene Gefäße sind *fehlbar*. Irdene Gefäße sind *gebrauchsfähig*. Lassen Sie uns sehen, ob wir in diesen Eigenschaften etwas von uns selbst wiederfinden. Und vielleicht finden wir, indem wir uns selbst wiederfinden, das Angesicht Gottes.

Ein irdenes Gefäß ist zerbrechlich

Das schönste Porzellan ist empfindlich, leicht anzuschlagen, zerbrechlich. Gott hat seinen Schatz weder in einen druckfesten Karton noch in einen Safe aus massivem Blei gelegt, noch hat er ihn in ein Schutzpolster aus Styropor gewickelt. Er hat seinen Schatz weder bei Engeln untergebracht, die sich niemals die Zehe anstoßen, noch bei Kunststoffheiligen, die man vom Eiffelturm hinabstoßen könnte, ohne daß sie am Boden zerschellen würden. Gott hat sich zerbrechliche irdene Gefäße ausgesucht. Aber das führt zu Schmerzen und Verletzungen. Man stelle ein paar Tontöpfe nebeneinander ins Regal, bewege sie hin und her, wische ihnen den Staub ab und rücke sie dabei zu nahe aneinander; am Ende hat man sicherlich beschädigte Gefäße: einen angeschlagenen Rand, einen abgebrochenen Henkel, eine in Scherben gegangene Schale. Merken Sie sich folgendes und machen Sie eine Bestandsaufnahme: Wenn Sie sich bereit erklären, zusammen mit weiteren irdenen Gefäßen den Schatz Gottes mit sich herumzutragen, werden Sie wahrscheinlich irgendwann einen Sprung bekommen.

Wir können Verletzungen davontragen. Unsere Seele fühlt sich manches Mal wie zerrissen. In uns tobt ein Konflikt: In unserem Herzen wollen wir ein Christ sein, doch fühlen wir uns gleichzeitig wie der Gottseibeiuns. Und um uns herum tobt ebenfalls ein Konflikt: Wir glauben, daß Gott gut ist, können jedoch das Böse nicht schlucken, das er anscheinend in seiner Welt zuläßt. Es ist nicht leicht, das Angesicht Gottes zu sein, wenn man weiß, daß man aus gewöhnlichem Ton gemacht ist. Wir fühlen uns aber auch zerbrechlich, wenn weitere Töpfe mit Sprung zu nahe an uns heranrücken. Sie können uns verletzen und innerlich zerschlagen, weil auch sie nur irdene Gefäße sind. Denken Sie daran, daß Sie hier herum nicht der einzige Tonklumpen sind. Zerbrechlich. Das bedeutet: leicht zu beschädigen, zart, empfindlich, fragil, nicht widerstandsfähig. Paßt diese Beschreibung zu Ihnen? Wenn ja, können Sie sich vom Apostel Paulus Trost zusprechen lassen: Der allmächtige Gott gibt seinen Schatz in irdene Gefäße und zeigt sein Angesicht durch zerbrechliche Menschen wie Sie.

Irdene Gefäße sind fehlbar

Man kann niemals garantieren, daß ein irdenes Gefäß zu der Aufgabe taugt, für die man es vorgesehen hat. Nicht jedes Gefäß bringt bei jeder Gelegenheit eine tadellose Leistung. Ein flacher Topf wird versagen, wenn man ihn für eine Pflanze mit tiefen Wurzeln verwendet. Eine dünnwandige Vase wird in Scherben gehen, wenn man sie zu grob anpackt. Das kann man freilich durch Hinsehen allein nicht feststellen. Darum geht Gott mit irdenen Gefäßen ein Risiko ein. Es ist stets ein Hasardspiel, wenn man eine wichtige Aufgabe zu erledigen, aber nur ganz gewöhnliche Diener zur Verfügung hat. Aber auch wir gehen mit Gott ein Risiko ein, denn es ist gefährlich, sich als ein Träger der Gnade Gottes hinauszuwagen, wenn man weiß, daß man auf die Nase fallen könnte.

Vor nicht allzu langer Zeit hat man mich gebeten, eine Aufgabe zu übernehmen, von der ich meinte, es sei eine besondere Ehre, mit ihr betraut zu werden. Ich sagte deshalb mit maßlosem Vertrauen in mein eigenes Können zu. Ich kam der Bitte nach und gab mir, wie ich meine, viel Mühe. Der Aufgabe war ich jedoch nicht gewachsen. Ich scheiterte. Ich versuchte, ein Wort für das Vorgefallene zu finden, das meinem Ego schmeichelte; ich versuchte, es damit zu erklären, daß man nicht auf mich gefaßt gewesen sei. Es gelang nicht. Es gab nur *eine* Erklärung: Ich hatte es versucht und war gescheitert. Mir liegt es viel eher, in meinen Erfolgen bescheiden, als im Versagen würdevoll zu bleiben, und ich nahm die Sache deshalb nicht einfach hin. Ich machte mir allerhand Gedanken darüber. Ich hatte die Leute enttäuscht und selbst nicht besonders gut ausgesehen. Ich hatte es nicht verdient, ein Gnadenträger Gottes zu sein. Aber dann kam Gott und schien mir zu sagen: Du hast die Wahl. Entweder du kriechst weiterhin im Staube vor den grotesken gotischen Wasserspeiern deines Stolzes oder du findest dich mit meiner Methode ab. Und meine Methode ist, meinen Schatz in irdene Gefäße zu geben und mein Angesicht mittels fehlbarer Menschen zu zeigen.

Ich darf wohl annehmen, daß auch Sie zumindest gelegentlich von ärgerlichen Erinnerungen an ein eigenes Versagen heimgesucht werden. Möglicherweise haben Sie auf verschiedenen Ebenen versagt: im Beruf, als Vater oder Mutter, im moralischen Bereich usw. Wenn andere Sie so gut kennten, wie Sie sich selbst kennen, würden sie möglicherweise die geistige Gesundheit eines Gottes, der auf irdene Gefäße wie Sie setzt, in Zweifel ziehen. Ich denke hier an eine Zeile aus Francis Thompsons Gedicht *Hound of Heaven* (Der Himmelsjäger), die exakt wiedergibt, wie wir uns manchmal fühlen. Thompson war vor Gott weggelaufen, so lange vor ihm geflohen, bis Gott ihn einholte. Und dann sagte Gott, was Thompson empfand: „Du, der du von allen Tonklumpen auf Erden der schmutzigste bist — wen fändest du außer mir, außer mir ganz allein, um dein unedles Ich zu lieben?" Vielleicht sind auch Sie sich schon mal wie der schmutzigste aller Tonklumpen vorgekommen. Haben Sie als irdenes Gefäß den Stachel des Versagens zu spüren bekommen, dann sollten Sie genau hinhören: Gott wird niemals sagen, daß Sie für seinen Dienst zu schmutzig, für seine Zwecke zu schäbig, für seinen außergewöhnlichen Schatz zu gewöhnlich seien. Gott gibt seinen Schatz nur in *fehlbare* irdene Gefäße, in keine anderen.

Irdene Gefäße sind gebrauchsfähig

Die meisten Tontöpfe werden als Gebrauchsgegenstände hergestellt. Wenn ich ins Museum gehe, frage ich mich, wozu all die Vasen geschaffen wurden, die das Wüten der Vulkane und den Wechsel der Zeiten überstanden haben. Der Töpfer, der vor 3000 Jahren in seinem Geschäft in einem finsteren Athener Seitengäßchen arbeitete, schuf eine Vase nicht als Sammlerstück, das den Museumsliebhabern des 20. Jahrhunderts den Glanz griechischer Kultur veranschaulichen sollte. Er schuf vielmehr eine Kanne, mit der ein Sklave Wasser in den Garten seines Herrn trug, oder vielleicht einen Krug, mit dem auf einer Hochzeit Wein serviert wurde. Ein irdenes Gefäß ist meistens ein Gebrauchsgegenstand. Es wird erst in zweiter Linie zum Kunstgegenstand. Es wird fast immer hergestellt, damit es das trägt und ausgießt, was vorher jemand hineingegossen hat. Irdene Gefäße Gottes sind dazu da, das auszugießen, was Gott vorher in sie eingefüllt hat. Und Gott füllt sie mit sich selbst.

Irdene Gefäße müssen, damit sie gebrauchsfähig sind, füllbar sein. Irgendwie, auf raffinierte Weise, muß Gott in unser Inneres gelangen; er muß mit seinem Geist zu uns kommen, sich einen Weg in unser Bewußtsein bahnen und zu dem werden, der in uns wohnt. Der Gott, der mit uns und für uns ist, wird zu dem Gott, der in uns ist. Und ist er einmal in uns, so werden wir zu gebrauchsfähigen

Gefäßen, die den Schatz seiner Gnade mit anderen teilen. Er zwingt uns nicht dazu; er lädt uns ein, ihm unser Leben zu öffnen und zuzulassen, daß er sanft und respektvoll in unser Inneres strömt. Wenn wir uns weigern, ihn auf seine Weise in unserem Inneren wirken zu lassen, wenn wir nicht füllbar sind, werden wir auch nicht gebrauchsfähig sein. Wir mögen zwar dekorativ sein, aber Gott gibt seinen Schatz nicht in Ornamente, die im Regal stehen. Wir sind zwar *zerbrechlich* und *fehlbar,* doch können wir *füllbar* und *gebrauchsfähig* sein, irdene Gefäße, die Gottes schönste Gabe zum Inhalt haben.

Gott entschuldigt sich nicht für die Art, wie er der Menschheit sein Angesicht zeigt. Es ist nicht wahr, daß er gern etwas Besseres gehabt hätte, aber mit unseresgleichen auskommen muß. Irdene Gefäße sind Gottes erste Wahl. Wir sind die Leute, die er sich für diese Aufgabe ausgesucht hat; ich nehme an, er hätte auch den Engel Gabriel erwählen können, aber wir waren einfach sein Typ. Sollten Sie jemals auf den Gedanken kommen, Gott nehme nur so lange mit uns vorlieb, bis irgendein Engel auftauche, dann haben Sie den Weg Gottes noch nicht begriffen. Gott sah die heiligen Engel unter den himmlischen Heerscharen an und sagte: „Ihr seid nicht qualifiziert; ich brauche ein zerbrechliches, fehlbares, gebrauchsfähiges, füllbares irdenes Gefäß." Wir mögen zwar Töpfe mit Sprung sein, doch sind wir Gottes erste Wahl.

Manchmal meine ich, daß uns nichts schwerer fällt, als daran zu glauben, daß Gottes Wahl auf irdene Gefäße gefallen ist. Wir Menschen haben schon immer den Wunsch gehegt, Gott möge sich des Superman-Szenarios bedienen. Das haben auch die Leute erwartet, die Jesus begegneten. „Wandle doch auf meinem Swimmingpool", verlangt der hochnäsige Herodes aus *Jesus Christ Superstar*. Der Herr der Herrlichkeit habe sich in diesem gewöhnlichen Tonklumpen aus Nazareth gezeigt? Unmöglich; wir fordern einen Superstar.

Die erste Irrlehre der Christenheit kam auf, als man leugnete, daß Jesus ein echter Mensch war. Der gleiche ketzerische Gedanke macht sich in unseren Köpfen breit, wenn wir hören, daß Gott seine Gnade durch unser Gesicht zeigen möchte. Wir gehen gern davon aus, daß, hätten wir *wirklich* den Schatz Gottes in uns, wir in der Lage wären, zu fliegen und von sonstwo hinabzustoßen, um unsere Kinder oder unsere Freunde zu retten und das Herz einer Lois Lane zu erobern. Ungeschickte Clark Kents, die wir meistenteils sind, wir werden verletzt, bluten und können kaum mit dem Leben fertigwerden, geschweige denn eine bedrohte Stadt retten. Es mag zwar schwer zu glauben sein, aber Gottes Methode ist die, seinen Schatz in die Clark Kents dieser Welt zu legen und nicht in die Supermänner. Hören wir also auf zu träumen! Wir werden niemals Supermänner sein; wir sind nur irdene Gefäße. Doch sind wir Tontöpfe von der Art, wie Gott sie mag.

Warum wirkt Gott auf diese Weise? Warum verwendet er nicht das Starsystem mit seinem Reklamerummel und dem ganzen Hollywood-Humbug? Warum verwandelt er uns nicht gleich nach unserer Bekehrung in Bionik-Frauen[2] oder Sechs-Millionen-Dollar-Männer? Die Antwort ist einfach. Irdene Gefäße zu gebrauchen, das ist seine Methode, uns ständig an das zu erinnern, was wirklich vor sich geht. Wenn Gott uns gebraucht, will er es vollkommen deutlich machen, daß seine Kraft und nicht unser Können die Aufgabe erledigt. Gott möchte, daß wir für Überraschungen offen bleiben.

124

Ich erinnere mich an das allererste Mal, als jemand zu mir kam, nachdem er mich hatte predigen hören, und mir sagte, er sei durch das, was er gehört habe, angerührt und verändert worden. Gott war in ihn hineingelangt und hatte in seinem Inneren einige meiner Worte in Träger der Vergebung, der Kraft und der Verheißung verwandelt. Meine erste Reaktion lautete: Na so was, es funktioniert wirklich! Und durch mich? Ja, auch durch mich. Und ich habe mich, wie ich meine, noch nicht von dieser Überraschung erholt. Ich habe dem schon immer zustimmen können, was ein kürzlich zum Christentum übergetretener Nachtklubbesitzer jedem seiner Bekannten erzählte. Er war zur Zeit seiner Bekehrung ein ziemlich abgebrühter Typ und hielt sich keineswegs für einen erstklassigen Kandidaten für den Dienst Gottes. Darum gab er anderen mit folgenden Worten die Botschaft weiter: „Schau her, Freundchen, wenn Gott *mich* schon rumgekriegt hat, ist es für ihn ein Leichtes, auch dir eins über die Rübe zu geben."

So ergeht es uns allen. Für Gott ist es ein Leichtes, uns zu gebrauchen, auch wenn unser klumpiger Ton nicht das Zeug ist, aus dem Supermänner gemacht sind. Es kann durchaus sein, daß jemand auf Sie zukommt und sagt: „Deine freundlichen Worte haben mir neuen Mut gemacht, als ich total deprimiert war." Und dann werden Sie erkennen: Die Kraft kam von Gott, aber sie floß durch mich hindurch. Vielleicht sagt jemand: „Ich bin davon abgehalten worden, etwas Dummes, Sündiges zu tun, weil Sie den Mut hatten, nein zu sagen." Und Sie können sagen: Die Kraft kam von Gott, aber Gott sei's gedankt, er wirkte durch mich. Und erfährt jemand durch Sie die rettende Gnade Gottes in Jesus Christus, vielleicht aufgrund dessen, was Sie sagen, oder weil Sie ruhig bleiben und zuhören, dann können Sie wissen:

Gott kann auch einen gewöhnlichen Tonklumpen wie mich gebrauchen.

Darum: Halten Sie Tuchfühlung zu sich selbst als dem zerbrechlichen, fehlbaren, aber dennoch gebrauchsfähigen und füllbaren Gefäß gewöhnlicher Menschlichkeit, das Sie sind. Halten Sie Tuchfühlung zu sich selbst, weil Sie, so wie Sie sind, qualifiziert sind, den Schatz Gottes in sich zu tragen und ihn mit anderen zu teilen. Gehen Sie mit Ihrer menschlichen Schwäche den unbekannten Möglichkeiten des Morgen entgegen und nehmen Sie die Makel Ihrer Seele und die Gewöhnlichkeit Ihres Geistes mit. Seien Sie einfach das irdene Gefäß, das Sie sind. Lassen Sie sich von Gott füllen, dann werden Sie womöglich nicht nur das Angesicht, sondern auch die Hand und das Herz Gottes sein für jemanden, der ihn mehr braucht als irgend etwas auf der Welt. Wenn es Ihnen widerfährt, werden Sie gewiß erkennen: Ganz gleich, wie furchtbar es um Sie herum aussehen mag, mit Ihnen steht es auf großartige Weise zum besten.

Anmerkungen

[1] Der romantische Dichter John Keats (1795 – 1821) verfaßte 1819 seine berühmte „Ode on a Grecian Urn" (Ode auf eine griechische Urne). Der englische Text mit deutscher Übertragung ist nachzulesen in: John Keats, Gedichte/zweisprachig. Übertragen von Heinz Piontek (München: Münchener Edition, Schneekluth, 1984).

[2] Bezieht sich auf die Titelgestalt der amerikanischen Science-fiction-Fernsehserie „Bionic Woman".

8. Wenn Sie mit dem Leben einfach nicht fertigwerden, sind Sie reif für Gottes ersten Schachzug

Die Gabe eines offenen Herzens

Betet auch für uns, daß Gott uns eine Tür öffnet und wir das Geheimnis Christi verkündigen können ...
(Kolosser 4, 3)

Ich war im Begriff, meine 1,93 m große Gestalt in unseren hellblauen 52er Plymouth hineinzuzwängen, um zu einer kleinen Kirche im heruntergekommenen Stadtzentrum von Patterson, New Jersey, zu fahren. Dort sollte ich zum geistlichen Dienst ordiniert werden — eine Veränderung, der ich mit einigem Bangen entgegensah, da ich mir unvorbereitet vorkam. Ehe ich in den Wagen einstieg, wandte ich mich an George Stob, meinen Freund und ehemaligen Lehrer am Seminar, der gerade dabeistand und mir zusah, und fragte ihn: „George, hast du noch ein letztes gutes Wort für mich, bevor ich den Sprung wage?" Seine Antwort schnellte hervor wie eine Feder, die seit langem in seinem Geist gespannt war — die eine Sache, die ich seiner Meinung nach noch wissen mußte. „Vergiß nie", sagte er, „daß du vor ganz gewöhnlichen Menschen predigst."

Na großartig, dachte ich. Um solcher Weisheit willen wird man am theologischen Seminar zum Professor ernannt? Weiß ich schon längst! Trotzdem stopfte ich seinen Gemeinplatz in die ausgebeulte Tasche voller entbehrlicher Fakten, die ich am Seminar gesammelt hatte, und fuhr davon, um als Prediger des Evangeliums ordiniert zu werden.

Es stellte sich heraus, daß ich in der arroganten Unschuld meiner jungen Jahre in Wirklichkeit nicht sehr viel über gewöhnliche Menschen wußte, jedenfalls nicht in den Tiefen meines Seins, nicht dort, wo über die wahre Einstellung eines Predigers entschieden wird. Ich war reif mit gelehrten Einsichten. Ich war auf meine Theologie eingestimmt. Ich war auf die Kunst der Predigtvorbereitung eingestimmt. Aber ich war nicht auf die Gewöhnlichkeit derer eingestimmt, die sich meine idealistischen Botschaften anhörten.

Das ergreifende, peinigende Buch *Ordinary People* (Gewöhnliche Leute) und der gleichnamige Film haben, zumindest für viele unter uns, der Gewöhnlichkeit des Menschen ein anderes Gesicht gegeben. Eine perfektionistische Mutter gibt sich große Mühe, ihren kleinen Kosmos unter Kontrolle zu bringen, wird jedoch mit dem Leben nicht fertig, weil ihr Lieblingssohn stirbt und sein Tod die Fundamente ihres Lebens ins Wanken bringt. Er ertrinkt, und ihre Fähigkeit zu lieben geht mit ihm unter. Ein Sohn, der Bruder des Verstorbenen, wird mit der Schuld nicht fertig, die er empfindet, weil er nach dem Tod seines intelligenteren, besseren Bruders am Leben geblieben ist. Ein Vater wird mit der beunruhigenden Tatsache nicht fertig, daß die beiden Menschen, die ihm am nächsten stehen, sich dem Trübsinn hingeben und niemanden an sich heranlassen. Gewöhnliche Leute. Gewöhnlich sein, das heißt zu schwach sein, um mit all dem Furchtbaren fertig zu werden, das bloße Menschen als für sich zu viel empfinden. Gewöhnliche Leute sind Nichthelden — keine Feiglinge, sondern einfach Nicht-Helden, begrenzte Leute, die an der Malaise der Überforderung leiden.

Wir, die wir gewöhnliche Leute sind, können unser Leben nicht in vorgefertigte Schablonen aus Styropor pressen. Wir schaffen es nicht, das Leben so zu meistern, wie wir es möchten, zumindest nicht an unserem geheimen Ort. Es gelingt uns nicht, alle Fäden in der Hand zu halten; das Leben entzieht sich unserer Kontrolle. Häufig genug ist das Überleben der größte Erfolg, auf den wir zu hoffen wagen. Gewöhnliche Leute sind Menschen, die am Rand eines Abgrunds leben, einen einzigen Schritt hinter der Linie, die sie von denen trennt, die einen Nervenzusammenbruch erleiden. Und darum sehnen sich gewöhnliche Leute nach irgendeinem Zeichen, daß das Leben auch dann noch in Ordnung sein könnte, wenn alles ganz furchtbar zu sein scheint.

George wollte mir klarmachen, daß viele Menschen, die damit rechnen würden, durch mich die Hilfe Gottes zu erfahren, in dem Sinn gewöhnlich sein würden, daß sie nicht auf dem Höhepunkt des Erfolgs, sondern am Rande des Versagens, nicht auf dem Gipfel des Triumphs, sondern nahe dem Abgrund der Niederlage lebten. Er wollte damit nicht sagen, daß jeder, der zu mir kommen würde, ein Versager wäre. Er meinte nur, daß viele von ihnen sich irgendwann im Verlauf ihres Lebens wie Versager *vorkommen* würden. Es dauerte leider sehr lange, bis mir klar wurde, wie sehr er damit recht hatte.

Der Apostel Paulus wußte, wie schwer es gewöhnlichen Menschen fällt, zu glauben, daß es mit ihnen zum besten stehen kann, wenn völlig klar ist, daß alles äußerst schlecht steht. Darum bat er die Gemeinden um Fürbitte — damit er mit dem Geheimnis Christi durch die verschlossene Tür dringen könnte, die zum Herzen gewöhnlicher Leute führt. Ich bin mir ziemlich sicher, daß es diese Tür war, durch die er hindurch wollte, die Tür, die wir gegenüber der guten Nachricht verschließen, daß es „schon gut" sein kann, obwohl alles ganz schlecht aussieht. Welche andere „offene Tür" kann er gemeint haben? Er brauchte keine offene Tür nach Rom oder nach Europa; ein römischer Bürger wie Paulus hatte zu fast jedem Ort im Römerreich freien Zutritt. Nein, er meinte nicht die Tür zu irgendeiner Stadt; er war nicht auf ein Wunder angewiesen, um durch Stadttore zu dringen. Er bedurfte erst dann eines Wunders, wenn er durch die verschlossene Tür dringen wollte, die zum Leben gewöhnlicher Leute führte.

Es ist eine sonderbare Eigenart gewöhnlicher Menschen, daß sie die Tür verschließen, wenn Gott das gnädige Anerbieten macht, dort alles gut zu machen, wo alles ganz schlimm zu sein scheint. Tief in unserem Inneren, dort, wo unsere Gefühle zu heftig sind, als daß wir uns mit ihnen auseinandersetzen mögen, dort, wo wir unseren Zorn zu einem Knoten schlingen, der zu fest ist, als daß wir ihn lösen könnten, dort schließen wir die Tür und halten sie so lange zu, bis die unsichtbare Hand Gottes am Vexierschloß die richtige Zahlenkombination einstellt und mit der Wirklichkeit der Gnade Christi durch die Tür unseres Schmerzes und unserer Müdigkeit dringt. Gewöhnliche Leute sind Menschen, die kämpfen müssen, um das Leben zu bewältigen, und weisen inmitten ihrer Kämpfe die eine Gabe zurück, die sie in die Lage versetzen könnte, nicht nur mit dem Leben fertigzuwerden, sondern sich auch noch darüber zu freuen, daß sie es versuchen.

Sonntags kamen gewöhnliche Leute in meine Kirche, doch habe ich sie in der ersten Zeit nicht als solche erkannt. Heute weiß ich, weshalb: Ich wollte nicht, daß es gewöhnliche Menschen waren. Ich wollte, daß es Hirsche waren, die nach dem frischen Wasser meiner Predigten lechzten. Ich wollte, daß es große Geister waren, die wie aufgemöbelte Rechner summten, während sie meine Gedanken verdauten. Ich wollte, daß es ehrfürchtige Seelen waren, die zur spektakulären Musik des Geistes tanzten. Ich wollte, daß es geistliche Muskelmänner mit starken Schultern waren, damit sie die Lasten globaler Gerechtigkeit, die meine prophetischen Worte ihnen aufbürdeten, tragen könnten. Aber während ich ihnen die kostbaren Verheißungen vorhielt und sie mit den hehren Forderungen des Wortes Gottes traktierte, beteten viele von ihnen insgeheim: „O Gott, ich glaube nicht, daß ich die kommende Woche überstehen kann – HILF MIR!" Sie brauchten außer meinen Worten ein Wunder, damit die Tür in der Mauer ihres persönlichen Überfordertseins sich für das Geheimnis Christi aufmachte.

Ich habe mittlerweile bei den lächelnden Christen, für die das Leben scheinbar keine Schwierigkeiten mehr birgt, Spuren der Schwäche und der Gewöhnlichkeit ausgemacht. Manchmal wenn ich im Gottesdienst sitze und höre, wie ein Prediger die Anwesenden auffordert, über sämtliche Marktplätze und Rathäuser „das Recht wie Wasser und die Gerechtigkeit wie einen nie versiegenden Bach" strömen zu lassen, oder wie er ein überfließendes Leben voller Freude und Frieden im heiligen Geist verspricht, dann sehe ich mich um. Und die Personen des Stücks, die Charaktere des kirchlichen Szenarios, stellen sich mir wie folgt dar:

Ein Mann und eine Frau, die steif wie ein Stock dasitzen und wie auf Kommando über jeden frommen Witz lachen, hassen sich gegenseitig, weil sie es einer ermüdenden Tretmühle geschmackloser, eintöniger Ordentlichkeit erlaubt haben, alles Romantische aus ihrer Ehe zu verdrängen.

Eine Witwe, die jede Verheißung göttlicher Versorgung mit einem Amen begrüßt, ängstigt sich zu Tode, weil das nicht totzukriegende Tier der Inflation ihre Ersparnisse verschlingt.

Ein Vater, der von der Gemeinde als ein Musterbild elterlicher Strenge erachtet wird, vermutet, daß er als Vater versagt hat, weil er das wilde Gekasper seines geradezu verrückten Sohnes nicht mehr verkraften, geschweige denn verstehen kann.

Eine attraktive junge Frau in der ersten Reihe ist wie gelähmt, weil sie sicher ist, daß sie Brustkrebs hat.

Ein Bursche im mittleren Alter, dessen neuer Mercedes von einer christlichen Erfolgsgeschichte Zeugnis ablegt, fragt sich, wann er endlich den Mumm haben wird, seinem Chef zu sagen, er könne sich seine lausige Arbeitsstelle an den Hut stecken.

Die im Sinne des Apostels unterwürfige Ehefrau eines der Ältesten hat schreckliche Angst, weil sie notgedrungen ihrem heimlichen Alkoholismus ins Auge sehen muß.

Sie alle sind gewöhnliche Menschen, und ich könnte mit meiner Aufzählung ohne weiteres fortfahren. Sie alle haben das Gefühl, daß dort, wo für sie am meisten auf dem Spiel steht, alles falschgelaufen sei. Sie brauchen dringend ein Wunder des Glaubens, damit sie erkennen können, daß das Leben in seinem tiefsten Kern in Ordnung ist.

Warum? Warum ist es für die gute Nachricht so schwierig, in unser Inneres, in unser Gefühlsleben zu sikkern und von dort aus an die Oberfläche zu dringen? Warum brauchen wir eine Gabe der Gnade, damit es geschieht?

Ich glaube nicht, daß wir eine Gabe der Gnade brauchen, weil die Wahrheit schwer zu verstehen wäre. Natürlich handelt es sich um ein Geheimnis, gar keine Frage. Aber das Geheimnis Christi ist kein Kode, der nur von einer Elite entschlüsselt werden könnte. Der Kern der Angelegenheit ist so unkompliziert wie ein Ostfriesen-Witz. Stimmt die Legende, so hat jemand einst den großen Karl Barth gefragt, was bei all den dicken theologischen Wälzern, die er verfaßt habe, herausgekommen sei. Barth erwiderte frotzelnd, aber dennoch ernst: „Unter dem Strich bleibt: 'Jesus liebt mich, ganz gewiß.'" Das Geheimnis läßt sich auf etwas ganz Einfaches reduzieren. Tiefgründig, profund, erstaunlich, ja, aber einfach.

Und das ist das Geheimnis: Gott war in Christus und versöhnte die Welt mit sich selber. Als Jesus in Menschengestalt auf unserer heimatlichen Erde lebte, sein Leben für andere hingab, starb und von den Toten auferstand, brachte er unser Leben in seinem innersten Kern in Ordnung. Er ließ uns alle ein für allemal wissen: Sehen wir uns dem Gott gegenüber, der uns erschaffen hat und uns in seiner Hand hält, dann stehen wir einem Gott gegenüber, der uns liebt und unser Bestes will.

Er baute eine Brücke über die tiefe Kluft, die uns von dem heiligen Gott trennt; und die Brücke, die er baute, war das Kreuz, an dem er starb. Seit dem Tode Jesu am Kreuz sind Gott und die Welt miteinander versöhnt, von neuem miteinander befreundet. Gott ist nun entschlossen, sowohl aus der Welt als auch aus unserem Leben in dieser Welt etwas zu machen, was an Schönheit, Gerechtigkeit und Herrlichkeit nicht zu überbieten sein wird. Im tiefsten Grunde steht es dort, wo unser Leben am seidenen Faden des guten Willens Gottes hängt, wirklich mit uns zum besten. Und daran wird sich nie wieder etwas ändern. Es gibt weder auf der Erde noch im Himmel, weder in der Vergangenheit noch in der Zukunft irgend etwas — auch nicht etwas, was wir selber tun oder andere uns antun könnten —, was an dieser Tatsache rütteln könnte: Gott liebt uns und will in alle Ewigkeit unser Bestes.

Warum schließen gewöhnliche Menschen ihre Tür angesichts dieses süßen Trostes, dieser angenehmen Wirklichkeit? Wir haben eine ganze Galaxie von Ausreden. Nörgeln wir ein bißchen an uns selbst herum, dann können wir einige von ihnen eingestehen, auch wenn es schmerzt. Ich möchte zwei Gründe angeben, weshalb ich meine eigene Tür geschlossen halte. Prüfen Sie sie — vielleicht stimmen sie mit den Ihren überein.

Erstens wollen wir uns nicht mit Gott versöhnt fühlen, weil es unser Leben kompliziert machen würde, wenn wir uns mit ihm versöhnen ließen. Wenn jemand glaubt, daß das Leben trotz allem gut ist, stellt sich stets irgendeine Veränderung ein, und davor graut uns. So wollen wir die Vergebung nicht annehmen, weil wir, fühlten wir uns vergeben, unsere verbissene Wut auf Leute, die uns verletzt haben, loslassen würden. Wir wollen uns nicht geliebt fühlen, weil wir, nähmen wir diese Liebe an, unser Leben womöglich für Leute öffnen müßten, die wir uns lieber vom Leibe hielten. Wir wollen nicht herausfinden, daß das Leben gut ist, und uns darüber freuen, weil wir dann das Meckern aufgeben müßten, und wir sind zu knickrig, um dieses Opfer zu bringen. Wir wollen nicht in der Hoffnung leben, daß Gott die Erde zu einem prächtigen Ort voller Liebe und Gerechtigkeit machen wird, weil wir uns dann veranlaßt fühlen könnten, der neuen Schöpfung dadurch den Weg zu ebnen, daß wir mithelfen, die Welt schon jetzt ein wenig besser zu machen, als sie ist. Kierkegaard hatte recht; wir entscheiden uns, die Tür unseres Herzens zu verschließen, weil wir unser Leben in unserer elenden Hundehütte zubringen *wollen*.

Zweitens halten gewöhnliche Leute die Tür zu ihrem Herzen geschlossen, weil sie zu müde sind, um sie aufzumachen. Es ist einfach nicht wahr, daß gewöhnliche

Leute zu abgründig böse sind, um das Licht der Gnade in ihr Leben hineinzulassen. Manchmal sind sie einfach zu geschlaucht. Selbstmitleid zehrt an unseren Kräften. Wir können so verletzt sein, daß wir keine geistliche Energie mehr haben. Wir fühlen uns absolut leer und können nicht weiter; wir werden von einem Strudel in die Tiefe gezogen, wo uns nichts mehr das Gefühl geben kann, das Leben sei gut. Können wir die Kraft nicht aufbringen, Erbarmen für uns selbst zu beanspruchen, dann können wir sicherlich kein Erbarmen mit anderen empfinden — nicht, weil wir zu böse, sondern weil wir zu erschöpft sind.

Während ich darüber nachdenke, daß wir manchmal zu müde sind, um die Tür unseres Herzens für die Gnade Gottes aufzumachen, wandern meine Gedanken zu den ersten beiden Wochen zurück, die meine Familie in unserem jetzigen Zuhause zubrachte. Vor zwölf Jahren zogen meine Frau und ich und unsere drei kleinen Kinder von Michigan hierher nach Kalifornien. Die ersten paar Tage hatten wir damit zu tun, jedes unserer drei Kinder an einer anderen Schule unterzubringen. Ich selbst begann damit, am Fuller Theological Seminary in einem Fach zu dozieren, das ich vorher noch nie gelehrt hatte, und das morgens um acht, vier Vormittage die Woche, vor 125 Studenten. So weit so gut. Nach einer Woche erfuhren wir von Hämatologen des City of Hope-Krankenhauses, daß unser jüngster Sohn, gerade fünf Jahre alt, die Gauchersche Krankheit hatte, eine seltene kongenitale Blutkrankheit mit ungewissem Ausgang. Eine Woche später, also zwei Wochen nach unserer Ankunft im sogenannten „Sonnengürtel", erfuhren wir, daß meine Frau Doris Brustkrebs hatte und ihr eine Brust amputiert werden mußte. So sahen die ersten beiden Wochen unseres neuen Lebens im südkalifornischen Paradies aus.

Ich erinnere mich daran, wie ich eines Abends, nachdem ich Doris im Krankenhaus besucht hatte, nach Hause kam, zu müde, um mich noch für die Vorlesung am nächsten Morgen vorzubereiten. Ich warf mich aufs Bett und schlug die Illustrierte *Life* auf, die damals noch jeden Freitag erschien. Lustlos blätterte ich sie durch, bis ich auf einen Bericht über den nigerianischen Bürgerkrieg stieß: Bilder darbender Biafra-Kinder, nur noch Haut und Knochen, mit aufgedunsenen Hungerbäuchen und Knien wie harten Bällen, aus denen Beine wie Zahnstocher herausragten. Damals traktierten sämtliche Medien unser nahezu abgestumpftes Gewissen mit Bildern dieser Art. Ich aber klappte die Zeitschrift schnell wieder zu. Ich warf sie auf den Boden. Ich konnte nicht hinschauen. „Es tut mir leid, ihr armen Kinder, ich bin so müde; heute abend habe ich selber Mitleid nötig; ich habe keine Kraft mehr, um mein Herz zu öffnen und für euch Mitleid zu empfinden." Ich glaube, es hätte eines Wunders bedurft, um mich an jenem Abend dazu zu bewegen, die Tür meines Herzens aufzumachen und für diese Biafra-Kinder die versöhnende Liebe Christi zu empfinden. Und ein zweites Wunder war nötig, um mir das tiefe, aufrichtige und freudige Gefühl zu geben, daß es mit mir zum besten stand, obwohl alles, wirklich alles um mich herum furchtbar zu sein schien. Ich war zu müde, um es von mir aus zu fühlen.

Gewöhnliche Leute fühlen sich oft zu müde. Sie gehen in den Gottesdienst und hören sich Worte über eine Gnade an, die das Leben in seinem innersten Kern in Ordnung gebracht hat. Aber das Selbstmitleid hat sie oftmals so geknebelt, der Zorn sie so gefesselt und ihre eigenen echten Verletzungen haben sie so gelähmt, daß sie das zusätzliche Quentchen an Kraft nicht aufbringen können, das es ihnen möglich machen würde, ihr Herz für die Realität Jesu und für das Faktum seiner Gnade zu öffnen. Gott ist es, der die Tür öffnen muß.

Und jetzt kommt die Überraschung: Gott gibt uns tatsächlich das Geschenk. Manchmal. Und manchmal nehmen wir es an.

Manche Menschen wissen ganz genau, daß alles falschgelaufen ist, und sie sind es überdrüssig, immer wieder zu versuchen, es in Ordnung zu bringen. Dann kommt ganz leise Gott, um ihnen zu sagen, daß er sie umgibt, daß er über ihnen, unter ihnen, in ihnen und vor ihnen ist und daß es dank dieses Schutzschildes starker Liebe mit ihnen zum besten stehen wird.

Die Herzen mancher Menschen hat der Zorn im Griff. Er erstickt ihre Freude und würgt jede intimere Beziehung ab. Dann tritt Gott ein, zerbricht die Kette des Zorns und macht einen gewöhnlichen Menschen frei, es erneut zu versuchen — mit Liebe.

Manche Menschen leben in schrecklicher Angst vor dem Tod. Dann tritt Gott ein und gibt ihnen einen Grund, glücklich darüber zu sein, daß sie gerade jetzt am Leben sind.

Manche Leute brüten über einer deprimierenden Erinnerung an irgendeine schlimme Sache, die sie angerichtet haben und die sie weder vergessen noch sich selbst verzeihen können. Dann tritt Gott ein, um ihr Herz für das Geschenk der Verzeihung anderer gewöhnlicher Leute aufzuschließen, und macht es ihnen auf diese Weise möglich, sich selbst zu verzeihen.

Manche gewöhnliche Leute wickeln sich wie Mumien in das sie erstickende Sackleinen ihres eigenen Selbsthasses; und Gott tritt ein, um ihnen für das außerordentliche Wunder ihres eigenen Selbstwerts die Augen aufzutun.

Gewöhnliche Leute neigen allesamt dazu, den Zustand der Welt um sie herum als unerträglich zu empfinden.

Häufig genug täuscht sie ihr Empfinden nicht. Das Leben kann furchtbar sein, kaum auszuhalten, das Letzte. Aber das Geheimnis der Gnade besagt, daß es im tiefsten Kern in Ordnung sein kann, auch dann, wenn es am Rande ganz schrecklich ist. Denn im tiefsten Kern, dort, wo das Leben für Gott, den Schöpfer und Retter, offensteht, werden wir von ihm in die Arme geschlossen, geleitet, geliebt, umsorgt und fest in die Zukunft einbezogen, die er für jeden bereithält, den er als sein Kind anerkennt. Wir können die Gnade nicht manipulieren; ich hoffe, ich habe mittlerweile deutlich machen können, daß die Gnade ein wunderbares Geschenk ist, für das wir keinerlei Gegenleistung bringen müssen. Gott gibt seine Gnade umsonst; unsererseits können wir nur zulassen, daß er sie uns gibt.

Es hat zu lange gedauert, bis mir klar wurde, wie sehr ich George Stobs Botschaft über gewöhnliche Menschen brauchte. Ich hätte sie viel früher verstehen müssen. Schließlich bin ich selbst ein ganz gewöhnlicher Mensch. Aber das tut nichts zur Sache. Wichtig ist, daß gewöhnlichen Menschen eine außerordentliche Gabe zur Verfügung steht, die Gabe einer offenen Tür, die zu ihrem zornigen, verletzten und müden Herzen führt und — der rostigen Scharniere zum Trotz — für eine Gnade offensteht, die uns die Wahrheit wiedergibt, daß es, im tiefsten Kern, zwischen gewöhnlichen Menschen und Gott jetzt und für allezeit zum besten steht.

9. Wenn Sie die Engel sehen werden, werden Sie wissen, warum Sie glauben

Die Gabe des Glaubens

Wahrlich, wahrlich, ich sage euch: Ihr werdet den Himmel offen sehen und die Engel Gottes hinauf- und herabfahren über dem Menschensohn.

(Johannes 1, 51; rev. Lutherübers.)

Ich möchte Sie hier mit einer der heikelsten Fragen konfrontieren, die man sich mit Blick auf den eigenen Glauben je stellen kann: Warum glaube ich? Warum vertraue ich auf einen Gott, den ich nicht einmal sehe? Warum kehre ich meinen Zweifeln und manchmal auch meinem Schmerz zum Trotz immer wieder zum Glauben zurück? Sie haben sich sicherlich schon einmal gefragt, ob es wirklich sinnvoll sei, zu glauben, daß es im Himmel einen guten Gott gibt, wo doch hier auf der Erde alles so scheußlich zu sein scheint. In jedem von uns steckt, wie ich meine, ein hartnäckiger Ungläubiger. Wir alle haben es nötig, die Worte des Mannes nachzusprechen, der Jesus bat, seinen Sohn zu heilen: „Herr, ich glaube; hilf meinem Unglauben." Manchmal glauben wir — entgegen allen Beweisen —, daß Gott tot sein müsse, da die Dinge so schlecht stehen. Warum zieht es uns immer wieder zum Glauben zurück? Welchen stichhaltigen Grund haben wir, an Gott zu glauben?

Im Neuen Testament wird berichtet, wie sich Jesus einmal mit einem Skeptiker namens Nathanael — er wurde bald darauf ein Jünger — über Gründe für den Glauben unterhielt (siehe Johannes 1,43-51). Die Worte, die er an Nathanael richtete, führen uns zu den Grundlagen zurück, gleichsam zur Grundschule des Glaubens, zum wahren Grund, warum wir an Gott glauben. Wir erfahren, daß der eigentliche Grund für unseren Glauben nichts Geringeres ist als unsere Erfahrung der Gnade Gottes. Oh, jetzt habe ich die Katze aus dem Sack gelassen! Dennoch: Begleiten Sie mich, so wollen wir beobachten, wie Jesus einem Neuling die Sache klarmacht.

Eigentlich liegen zwei Gespräche vor. Zunächst unterhalten sich Philippus und Nathanael. Im Verlauf dieses ersten Gesprächs nennt der querköpfige Nathanael die Gründe, warum er nicht glaubt. Dann unterhält sich Jesus mit Nathanael. Und im Verlauf dieses zweiten Gesprächs nennt der mittlerweile konfus wirkende Nathanael den Grund, warum er glaubt. Jesus ist bereit, ihn anzunehmen, ganz gleich, ob er konfus ist oder einen klaren Kopf hat. Doch weiß er, daß Nathanael später einen besseren Grund für seinen Glauben entdecken wird.

Lassen wir das Band noch einmal ablaufen, diesmal langsam.

Erster Auftritt: Philippus und Nathanael.

Philippus ist Jesus begegnet. Welch eine Begegnung! Damit ist nicht gemeint, daß er eine Gelegenheit bekam, dem Meister auf einem Empfang die Hand zu reichen: „Angenehm, wie war Ihr Name noch?" Philippus hatte eine lebenverändernde Begegnung mit Jesus; er wurde von der geheimnisvollen Autorität ergriffen, die von Jesus ausging, und danach war für ihn nichts mehr so wie früher. Er fühlte die Göttlichkeit Jesu, als dieser ihm gebieterisch zurief: „Folge mir nach!" Er wußte auf der Stelle, daß er dem begegnet war, auf den ganz Israel wartete. Ich bin mir sicher, daß er nicht allzuviel verstanden hatte; er mußte gar nicht verstehen, denn irgendwie glaubte er und spürte im Glauben die Bereitschaft, alles Vertraute hinter sich zu lassen und in die völlig ungewohnte Welt Jesu Christi einzutreten.

Wie jeder, der vor kurzem eine lebenverändernde Begegnung gehabt hat, brannte auch er darauf, es einem anderen mitzuteilen. Darum lief er stracks zu Nathanael hin. Hör gut zu, Nathanael; wir sind ihm begegnet, wir haben ihn gesehen, wir wissen, wer er ist: der Retter, auf den wir gewartet haben. Er heißt Jesus. Er stammt aus Nazareth.

Vermutlich dachte Nathanael, Philippus sei entweder einer Gehirnwäsche unterzogen worden oder er erlaube sich einen Spaß. „Na klar! Du bist dem Messias begegnet — einem kleinen grünen Männchen mit Antennen auf dem Kopf, stimmt's? Aus Nazareth? Hör mal, Philippus, wir Juden verstehen keinen Spaß, wenn es um den Messias geht. Aus Nazareth, sagst du? Da kommt garantiert nichts Gutes her."

Nathanael war ein Skeptiker. Ich glaube, ich kann es ihm nachempfinden. Schließlich war er Jesus noch nicht selbst begegnet, hatte ihn weder gehört noch berührt. Alles, was ihm zur Verfügung stand, war ein Bericht aus zweiter Hand. Und das, was er zu hören bekam, entsprach weiß der Himmel nicht dem, was die Juden vom Messias zu erwarten programmiert waren.

Nehmen wir an, jemand käme zu Ihnen mit der Botschaft, ihm sei kürzlich ein junger Mann begegnet, der die Antwort auf alle Probleme der Welt habe. Er habe die Antwort auf das nukleare Wettrüsten, auf die Inflation, auf den Welthunger, auf die Energiekrise und nebenbei noch auf den Smog. Es handele sich um einen jungen Aussiedler aus Kasachstan; er lebe zwar im Augenblick von der Sozialhilfe und spreche noch nicht allzu gutes Deutsch, doch sei er für die Nationen der Welt der Mann der Stunde. Ob Sie da nicht ein klein wenig in die Versuchung kämen, zu sagen: „Was kann aus Kasachstan Gutes kommen?" Nathanaels Skepsis ist verständlich.

Kein Buchmacher der Welt hätte Nazareth auch nur die geringste Chance eingeräumt. Und warum sollte uns das verwundern? Das Evangelium deutet nirgends an, daß Jesus Christus der war, den das wettende Publikum erwartete. Er verstieß gegen nahezu jede gängige Vorstellung vom Auftreten des Messias. Der natürliche Menschenverstand war wohl kaum in der Lage, sich vorzustellen, was sich da in Wirklichkeit abspielte. Wenn die Redaktion der *New York Times* davon erfahren hätte, hätte sie die Sache nicht für berichtenswert gehalten: Das Ganze war einfach zu unwahrscheinlich, die Quellen zu suspekt. Ein gewöhnlicher Mensch aus der Mittelschicht, geboren in einem abgelegenen Dorf in einem der schmuddeligsten römischen Provinzen, behaupet von sich, der Messias zu sein — die Geschichte mutet in der Tat merkwürdig an.

Aber mutet nicht alles an Jesus höchst merkwürdig an? Man erwartet nicht, daß ein Zimmermannssohn aus Nazareth aufwächst, um der ganzen Menschheit neue Hoffnung zu geben; man erwartet nicht, daß er sich kreuzigen läßt, um uns zu Kindern Gottes zu machen. Alles in allem waren Nathanaels Zweifel, wie ich meine, durchaus vernünftig; letzten Endes belanglos zwar, aber unter den Umständen durchaus verständlich.

Ich denke, Philippus hat gemerkt, daß an Nathanaels Worten etwas dran war. Denn er läßt sich nicht auf ein Streitgespräch mit ihm ein. Er führt keine Argumente für Nazareth ins Feld; er sagt nicht: „Nazareth ist ein anständiges, frommes Städtchen." Er bedient sich statt dessen des einzigen praktischen Arguments, das Gläubige Skeptikern gegenüber je anführen können: „Komm und sieh! Laß dir zeigen, was ich gesehen habe. Prüfe es und bilde dir ein eigenes Urteil." Die beste Verteidigung des Evangeliums macht jeden zum Zeugen und entwaffnet den Skeptiker. „Ich habe in seiner Gegenwart etwas Besonderes empfunden, und ich fordere dich auf, es selbst zu prüfen."

Also führt Philippus Nathanael zu Jesus und ebnet den Weg für das zweite Gespräch.

Zweiter Auftritt: Jesus und Nathanael.

Jesus sieht, wie Nathanael näher kommt, und begrüßt den Skeptiker mit einem Kompliment. „Da kommt ja ein rechter Israelit." Das war so ziemlich das Netteste, was man im Altertum einem Juden sagen konnte. Im Grunde war folgendes gemeint: „Du bist ein ehrlicher Jude. Du hast nichts Heuchlerisches an dir; du bist kein Schauspieler, sondern ein Israelit von echtem Schrot und Korn."

Nathanael ist noch immer skeptisch; er will sich derlei Schmeicheleien wegen nicht für dumm verkaufen lassen. Darum antwortet er: „Woher weißt du, wer ich bin? Du kennst mich nicht einmal." Wiederum eine durchaus verständliche Skepsis!

Jesus greift seine Skepsis an, und zwar auf ihrem ureigensten Territorium. „Ich kenne dich wirklich, Nathanael, recht gut sogar. Ich kannte dich, ehe du hierherkamst. Ich kannte dich, ehe Philippus mit dir sprach. Ich kenne dein wahres Ich."

Nathanael ist wie benommen. Seine Skepsis schmilzt wie Schnee in der Sonne. Er ist überzeugt. Ein Wunder ist geschehen. „Ich glaube", ruft er. „Ich glaube! Du bist Gottes Sohn. Ein solches Wunder ist mir Beweis genug."

Das ging schnell, nicht? Nathanaels Skepsis wird durch einen einzigen Windstoß außersinnlicher Wahr-

nehmung weggeweht. Er brauchte nicht erst eine Nacht
darüber zu schlafen. Er beriet sich auch nicht mit irgendwelchen Theologen. Er ließ den Mann aus Nazareth
nicht von der Kripo überprüfen. Ein Kampf fand nicht
statt. Er bekehrte sich sofort — der Skeptiker war binnen
zehn Sekunden zum Gläubigen geworden. Es brauchte
nur den Hauch eines Wunders, und schon hatte Nathanael einen Grund zu glauben.

Nathanaels Glaube ist in den Augen Jesu echt. Glaube
ist schließlich Glaube. Wir können auch dann Glauben
ausüben, wenn unsere Gründe nicht die stichhaltigsten
sind; und in unserem Glauben kann die Kraft stecken,
uns von neuem geboren werden zu lassen. Jesus stellt
Nathanaels Glauben überhaupt nicht in Frage. Er weiß,
daß Nathanael den eigentlichen Grund, warum er
glaubt, noch nicht entdeckt hat. Er hat bisher nur den
erstbesten Grund ergriffen, und der reicht für den
Augenblick völlig aus. Er hat eine Erklärung, die ihm im
Moment sinnvoll erscheint. Eines Tages wird er aber den
wahren Grund erfahren.

Was Nathanael hier widerfährt, widerfährt, wie ich
vermute, uns allen. Wir handeln aus Gründen, die wir im
Moment für stichhaltig halten, entdecken jedoch später,
daß der wahre Grund für unser Handeln viel tiefer lag,
als uns bewußt war. Ich wurde auf meine Frau wütend.
Schlimme Sache so was! Ich dachte, ich ärgerte mich deshalb, weil sie ein paar Papiere verlegt hatte. Aber nachdem ich eine Nacht darüber geschlafen und ein wenig
darüber nachgedacht hatte, wurde mir klar, daß ich in
Wirklichkeit an meiner Frau den aufgestauten Zorn aus-
ließ, den ich seit längerem über meinen Vorgesetzten
empfand. „Aha! Jetzt verstehe ich die wahren Gründe,
weshalb ich so etwas Dummes getan habe." Wir alle
sagen es uns irgendwann. Der halbe Kampf beim

Erwachsenwerden besteht doch darin, uns in die wahren — aber oft versteckten — Gründe für unser Handeln hineinzufinden. Das gleiche trifft auf das geistliche Wachstum zu. Wir brauchen Zeit und müssen wachsen, ehe wir unsere wahren Beweggründe entdecken können, auch bei grundlegenden Entscheidungen wie der, gläubig zu sein. Unser Herz handelt aus Gründen, die zu kennen unser Kopf, zunächst wenigstens, zu oberflächlich ist.

Das hat Jesus mit Blick auf Nathanael verstanden. Eines Tages, sagte er, später, die Straße deiner Erfahrung ein Stück weiter hinunter, wirst du den wahren Grund erfahren, warum du an mich glaubst. Du hast schon einen Grund: dieses Wunder, das du gesehen zu haben meinst. Doch ist da noch etwas Tiefergehendes. Und so wird es dir eines Tages aufgehen: „Du wirst den Himmel offen sehen und Engel hinauf- und herabfahren über dem Menschensohn." Wenn du die Engel sehen wirst, wirst du den wahren Grund erkennen, warum du glaubst.

Wie Sie vielleicht wissen, spielt Jesus hier auf Jakob und dessen berühmte Leiter an. Kennen Sie die Geschichte? Jakob lief so schnell er konnte durch die Wüste, um seinem Bruder Esau zu entfliehen, den er mit Hilfe eines Tricks um eine Erbschaft gebracht hatte. Während er vor seinem Bruder auf der Flucht war, wurde er von Gott eingeholt. Jakob erlebte an einem Wasserloch in der Wüste die Gnade Gottes — und ging aus dieser Erfahrung als ein ganz anderer Mensch hervor. Er hatte bei dieser Gelegenheit einen Traum; er sah eine Leiter, die von der Erde bis zum Himmel reichte, und Engel, die auf ihr hinauf- und wieder herabkletterten. Da es sich nur um einen Traum handelte, brauchen wir uns keine Gedanken darüber zu machen, ob der Himmel wirklich „oben" ist oder warum die Engel eine Leiter benötigten. Die Leiter war ein Sinnbild dafür, daß Jakob nur deshalb in einer rechten Beziehung zu Gott stehen konnte, weil Gott vom Himmel herabgestiegen war, um ihm hier auf der Erde zu begegnen. In Wirklichkeit teilt Jesus Nathanael mit, dieser werde den wahren Grund für seinen Glauben erst erkennen, wenn er ein Erlebnis wie das des Jakob gehabt haben werde – das Erlebnis, von der Gnade Gottes überwunden zu werden.

Nehmen wir die Sache noch einmal unter die Lupe. Der springende Punkt ist der: Wiewohl es viele Gründe gibt, an Gott zu glauben, gibt es nur *einen* wahren Grund. Es gibt viele verstandesmäßige Gründe, aber der eine wahre Grund entspringt unserem Herzen. Veranstalten Sie unter Gläubigen eine Umfrage. Fragen Sie sie nach dem Grund, weshalb sie gläubig geworden sind. Sie werden fast so viele Gründe zu hören bekommen, wie sie Gläubige fragen. Im Endergebnis teilen jedoch alle den einen wahren Grund.

Gestatten Sie mir, einige Gründe aufzuzählen, warum ich selbst gläubig bin. Ich denke, es sind allesamt echte Gründe. Dennoch weiß ich, daß keiner von ihnen hinreichend ist.

Meine Familie

Ich bin gläubig, weil ich in einer gläubigen Familie aufgewachsen bin. Ich mache kein Hehl daraus. Ich weiß nicht, was aus mir geworden wäre, wenn ich in eine chinesische Familie in der tiefsten Mandschurei hineingeboren worden wäre. Wie dem auch sei, ich habe in meiner wirklichen Familie den Glauben mit der Muttermilch eingesogen. Wir nahmen es dort mit dem Glauben sehr ernst; es blieb uns nichts anderes übrig, denn der Glaube war so ziemlich alles, was wir besaßen. Andere Kinder sangen: „Jesus liebt mich, ganz gewiß, denn die Bibel sagt mir dies." Ich hätte singen können: Jesus liebt mich, ganz gewiß, denn meine Mutter sagt mir dies. Ich stehe damit nicht allein. Ein Reporter fragte einst den großen Schweizer Theologen Karl Barth: „Sie haben viele dicke Wälzer über Gott geschrieben. Sagen Sie doch: Woher wissen Sie, daß das alles stimmt?" Der gelehrte Professor soll mit einem Blinzeln geantwortet haben: „Meine Mutter hat es mir gesagt."

Familien sind Gottes vorrangige Missionsgesellschaften. Seine Romanze mit der menschlichen Rasse ist eine Familienangelegenheit. Wir werden oftmals gläubig, weil unsere Eltern uns als erste von der Liebe Gottes erzählt und uns diese Liebe auch vorgelebt haben.

Aber es läuft nicht immer so ab. Einige Kinder werden ihrer Familie wegen ungläubig. Sie hören auf zu glauben, daß es einen liebenden himmlischen Vater gibt, weil ihr irdischer Vater sie nie geliebt hat. Und außerdem: Viele Menschen werden trotz des Unglaubens ihrer Eltern gläubig. Unsere Familien mögen zwar eine Hilfe sein, aber sie sind niemals der wahre Grund, warum wir glauben.

Die Kirche

Ich bin gläubig, weil die Kirche ihre fürsorglichen Arme um mich gelegt und mir manchmal auch die Furcht Gottes eingeflößt hat. Mein Glaube wurde im Schoß des Leibes Christi gezeugt. Der Kirchenvater Augustinus wird zwar übertrieben haben, als er sagte: „Hätte es die Kirche nicht gegeben, wäre ich nie gläubig geworden." Und doch war es letzten Endes die Kirche, die die Botschaft von Jesus durch die Jahrhunderte hindurch weitergab.

Die Kirche hat dafür gesorgt, daß die Schrift übersetzt wurde, daß Missionare ausgesandt wurden und daß das Evangelium jeder neuen Generation verkündet wurde. Ich weiß, die Kirche ist nur ein irdenes Gefäß. Manchmal entsteht der Eindruck, daß das Evangelium nur deshalb wahr ist, weil wohl jede Idee, die die Stümperei der Kirche überstehen konnte, wahr sein *muß*. Aber mag es in der Kirche noch so sehr menscheln, sie ist immer noch Jesu Methode, durch die Straßen und Gassen einer jeden Stadt zu gehen, sowohl in der Antike als auch heute. Der Kirche steht ein Lob zu für die Unterstützung, die sie leistet, wenn Menschen zum Glauben kommen.

Die Kirche ist freilich nicht der wahre Grund, warum wir glauben. Im Gegenteil, für viele ist sie ein beträchtlicher Stolperstein auf dem Weg zum Glauben. Solche Leute halten das Gegenteil dessen, was Augustinus sagte, für wahr. Sie sagen: „Gäbe es die Kirche nicht, dann könnte ich vielleicht glauben." Wer einen schockierten Blick auf die von Sünde und Schuld durchsetzte Schattenseite der Kirche tut, der wird oftmals zum Zyniker statt zum Gläubigen. Die Kirche kann nicht der wahre Grund sein, warum wir glauben; es muß noch etwas Tieferes geben.

Die Argumente

Dann gibt es all die Argumente, mit denen angeblich bewiesen werden kann, daß Gott existiert und daß Jesus der ist, der er zu sein behauptete. Vielleicht haben Sie auf solche Argumente gehört. Ich denke, ich kenne sie mittlerweile alle. Einige von ihnen könnten, offen gesagt, einen guten Gegenangriff kaum bestehen. Und doch finde ich viele von ihnen hilfreich. Einige sind wirklich überzeugend. Mir persönlich helfen stichhaltige Argumente für die Auferstehung Jesu sehr. Gute Argumente können unserem Glauben eine echte Stütze sein, und auch schwache Argumente sind denen eine Hilfe, die sich von ihnen überzeugen lassen.

Sie können jedoch nicht der wahre Grund sein, warum wir glauben; wenigstens sehe ich es so. Basierte mein Glaube auf meiner Fähigkeit, Beweise zu erbringen, dann müßte ich ständig Angst haben, es könnte irgendein kluger junger Philosoph einmal bessere Argumente gegen den Glauben vorbringen, als ich für den Glauben ins Feld zu führen vermag. Außerdem gibt es viele Fragen, die ich immer noch nicht beantworten kann. So kenne ich beispielsweise keine überzeugende Antwort auf die Frage, warum einige Menschen so viel leiden müssen. Daß ein wenig gelitten werden muß, das sehe ich ein, aber ich kann unmöglich verstehen, warum unschuldige Kinder manchmal so entsetzlich viel leiden müssen. Nein, ich darf meinen Glauben nicht auf meine Argumente gründen; ich kann mich nicht auf meine Fähigkeit stützen, die Dinge zu durchdenken. Der wahre Grund, warum ich glaube, erwächst aus einem anderen Winkel meines Daseins.

Die Bibel

„Die B-I-B-E-L, sie reicht mir völlig aus. Ich verlasse mich auf das Wort allein, die B-I-B-E-L." Diesen Text haben wir als Kinder in der Sonntagsschule gesungen; er war sozusagen unsere erkenntnistheoretische Prämisse. Allein das Buch, das Buch reicht aus! Das Buch erzählt uns von Jesus. Das Buch unterweist uns über die Gnade. Das Buch sagt uns, was wir zu glauben haben. Christlicher Glaube lebt von dem Buch her; er schöpft aus dem Buch als der Quelle seiner Lehre. Nur wer kontinuierlich auf das Wort hört, wird seinen Glauben am Leben erhalten. Wenn die Kirche sich von diesem Buch abwendet, wird sie zwangsläufig ihren Glauben einbüßen. Die Bibel ist ein gewichtiger Grund, an Jesus Christus zu glauben.

Sie ist jedoch nicht der eigentliche Grund, warum wir glauben. Sie ist ein notwendiger, aber kein hinreichender Grund. Ich glaube nicht deshalb an Jesus, weil ich zuvor mein Vertrauen auf die Bibel gesetzt habe. Ich glaube an die Bibel, weil ich vorher mein Vertrauen auf Jesus gesetzt habe. Ich begegnete Jesus in der Schrift und erkannte: Das Buch, das mir von der Liebe Gottes in Jesus erzählt, muß einfach stimmen. Jesus ist der wirklich wahre Grund, warum wir an die Bibel glauben — nicht umgekehrt.

Was bleibt mir nun übrig? Wenn es nicht an meiner Familie, nicht an meiner Kirche, nicht an meinen Argumenten und nicht einmal an der Bibel liegt — welchen echten Grund habe ich noch, gläubig zu sein? Warum glaube ich wirklich?

Kommen wir wieder auf unseren Text zurück. Jesus sagte zu Nathanael: „Du wirst die Engel vom Himmel herabfahren sehen über dem Menschensohn, und wenn du sie sehen wirst, wirst du den wirklich wahren Grund erkennen, warum du an mich glaubst."

Wieder einmal handelt es sich bei der Bezugnahme auf die Engel um eine Rückblende. Wir werden an Jakob erinnert, diesen Betrüger, in dem so viel Falsches floß wie Wasser über den Niagarafall, diesen Schwindler, der den eigenen Bruder mit einem Taschenspielertrick um sein Erbe gebracht hatte. Jetzt lief er sowohl seinem Bruder als auch seinem Gott davon. Aber wie kann man vor einem gnädigen Gott fliehen? Jakob hatte nicht die ge-

ringste Chance. Denn Gott war entschlossen, ihn einzu-
holen. Jakob floh zwar, aber Gott überlistete ihn, blieb
ihm beharrlich auf den Fersen und holte ihn zuletzt ein.
Und als er von Gott eingeholt wurde, entdeckte er, daß
die Gnade ihn bezwungen hatte.

Als jener arme, traurige, christusgläubige Dichter
Francis Thompson sein Gedicht „Der Himmelsjäger"
schrieb, in dem er seine eigene Flucht vor der Gnade
beschreibt, wird er nicht nur an sich selbst — und uns —
gedacht haben, sondern auch an Jakob.

Ich floh vor ihm des Nachts und auch am Tage;
ich floh vor ihm durchs Gewölbe der Jahre;
ich floh vor ihm auf den verschlungenen Wegen
meines eigenen Verstandes; und im Tränennebel
verbarg ich mich vor ihm, [...]
vor den starken Schritten dessen, der mich verfolgte.

Doch, in gemütlicher Jagd
und mit gemächlichem Schritt,
mit besonnenem Tempo
und majestätischer Eile
näherten sie sich — und eine Stimme ertönte,
noch dringlicher als die Schritte —

Diese Stimme umgibt mich wie ein tosendes
Meer. [...]
Siehe, alles flieht vor dir, denn du fliehst vor mir.

Wen wirst du finden, dein unwürdiges Ich zu lieben,
außer mich, mich allein ...

Ach, du törichster, blindester, schwächster der
Menschen,
ich bin's, den du suchest. [...]

Genau das hat Jakob entdeckt. Er lief der Quelle der
Liebe und der Gnade davon. Doch gab es für ihn kein
Entrinnen. Dazu ist Gott in seiner Liebe zu beharrlich, in
seiner Gnade zu hartnäckig. Als Jakob von Gott eingeholt wurde, entdeckte er, daß der, der ihn verfolgte, nicht
sein Feind war, sondern sein bester Freund.

Damit hätten wir die Bedeutung von Jakobs Traum
erfaßt. Die Leiter machte zweierlei deutlich: daß der
Himmel im Begriff war, auf die Erde herabzukommen,
und daß der Himmel von der Erde aus zu erreichen war.
An den Engeln, die die Leiter hinunterstiegen, wurde
deutlich, daß Gott im Begriff war, sich dieser elenden
Erde und der sündigen Menschheit zuzuwenden. Der
Segen des Himmels kam auf die Erde herab, und das
ganze Leid dieser Erde konnte gen Himmel getragen
werden. Die Verbindung zwischen Himmel und Erde
war hergestellt. Die Vision von den Engeln war eine
Vision darüber, wie die Gnade Gottes in das Leben eines
Menschen tritt.

Jesus sagte Nathanael, er werde wie Jakob die Engel
sehen. Die Bibel weist jedoch nirgends darauf hin, daß er
oder sonst irgendein Jünger jemals buchstäblich Engel zu
sehen bekam, zumindest nicht auf einer Leiter. Jesus
sprach nicht über Dinge, die wir mit unseren physischen
Augen wahrnehmen können. Er wollte andeuten, daß
Nathanael eines Tages Klarheit darüber bekommen
würde, daß er in Wirklichkeit aus demselben Grund
glaubte wie Jakob — weil er Gott, dem himmlischen
Jäger, begegnet war, der seine menschliche Beute so

lange verfolgt, bis er sie mit Liebe einfängt und fest in die Arme seiner Gnade schließt.

Uns ergeht es da nicht anders: Der wahre Grund, warum wir glauben, ist der, daß wir Jakobs Leiter gesehen haben – nicht an einem Wasserloch in der Wüste, auch nicht irgendwo in Judäa, sondern in Berlin oder Bern, in Bautzen oder Buxtehude.

Lassen wir wieder Francis Thompson zu Wort kommen, diesmal mit einem Zitat aus dem Gedicht „In keinem fremden Land". Als mittelloser Dichter mußte er am Themseufer unter freiem Himmel schlafen. Er verdiente ein paar Pennies zum Leben, indem er auf die Pferde der Leute aufpaßte, die am Charing Cross einkaufen gingen. Ein elendes Los für einen großen Poeten! Doch schrieb er für jeden, der, wie er selbst, durch die Ungerechtigkeit des Lebens gebeugt, vom Leid gedrückt und aufgrund der unerbittlichen Verkehrtheit eines Großteils des Lebens verwirrt war.

Bist jedoch so traurig du, daß trauriger niemand sei,
so weine – und über deinem Verlust, dem schweren,
soll leuchten der Verkehr auf Jakobs Leiter,
die sich vom Himmel bis nach Charing Cross erstreckt.

Und siehe, dort wandelt Jesus auf dem Wasser, nicht des Sees Genezareth, sondern der Themse.

Fühlen Sie schon die Botschaft, die Jesus nicht nur Nathanael, sondern auch uns weitergab? Der wirklich wahre Grund, warum wir inmitten all unserer Traurigkeit und trotz unserer Zweifel gläubig bleiben, ist der, daß wir „den Verkehr auf Jakobs Leiter" gesehen haben, dieser Leiter, die sich vom Himmel bis zum Ort unserer Mühsal erstreckt. Wir haben die Gnade Gottes kennengelernt, die uns zurückhielt, als uns danach zumute war, davonzulaufen.

Zum Abschluß bleibt zu sagen: Ich habe die Engel auf Jakobs Leiter gesehen, und darum glaube ich. Ich bin nicht gläubig, weil ich in einer gläubigen Familie aufgewachsen bin. Ich bin nicht gläubig, weil die Kirche in meinen jungen Jahren einen guten Eindruck auf mich machte. Ich bin nicht gläubig, weil man mich zu überzeugen vermocht hat, daß die Bibel das Wort Gottes ist. Und ich bin nicht gläubig, weil ich alles selbständig durchdacht habe.

Ich glaube, weil die Gnade Gottes mich in meinem tiefsten Inneren ergriffen hat und immer noch ergreift und weil sie mich nicht wieder losläßt. Gott selbst geht mir immer wieder nach, und gerade dann, wenn ich ihn am meisten verlassen will, bezwingt er mich durch seine Liebe. Er wird nicht zulassen, daß ich zu glauben aufhöre. Immer wenn ich mich dabei ertappe, an ihn zu glauben, weiß ich, daß es mit uns zum besten stehen muß, auch wenn es tragischer-, schäbiger- und dummerweise mit der Welt um uns herum zum schlechten steht.

Er kommt mit dem scharfen Geschmack der Vergebung, wenn ich in die Irre gehe, mit einer ruhigen Aufwallung der Kraft, wenn ich mich hilflos fühle, und mit einem Hauch der Hoffnung, wenn ich den Mut verliere. Immer wenn er kommt, gibt er mir, jedesmal neu, den wahren Grund, warum ich glaube und zu glauben nicht aufhören kann. Er schuf diesen Grund, als er den Himmel öffnete, eine Leiter auf die Erde herunterließ und mit seiner Gnade zu mir kam. Ich kann nicht aufhören, an

Gott zu glauben, auch wenn mir mein Verstand sagt, daß zu viele Dinge in meiner Welt verkehrt laufen, als daß es Gott wirklich geben könnte. Denn spüre ich in meiner geplagten Seele den Triumph der Gnade, so weiß ich, daß es im tiefsten Grunde schon gut ist und überall gut sein wird, ehe Gott mit mir fertig ist.

10. Gott läßt sich viel Zeit —
warum es ihm nicht gleichtun?

Die Gabe der Geduld

Und mich sollte nicht jammern Ninive, eine so große
Stadt ...?
(Jona 4, 11; rev. Lutherübersetzung)

Die Geschichte handelt vom Erbarmen Gottes, vom gerechten Zorn eines Menschen und vom klassischen Kampf, der sich zwischen beiden entspinnt. Gott spielt sich selbst, der Geduldige, Jona seinen ungeduldigen Propheten. Der Konflikt wird durch die Frage nach der richtigen Vorgehensweise im Fall Ninive hervorgerufen. Wäre es besser, wenn Gott im Blick auf die atheistisch ausgerichtete, von Gewalt erfüllte Stadt Ninive eine harte Linie verträte? Sollte er einen Erstschlag ausführen und die Stadt zerstören? Oder sollte er lieber warten, mit seinem Gericht zurückhalten und der Stadt eine Chance geben? Welche Politik wird die Oberhand gewinnen, die der Gnade und des Erbarmens oder die der ungeduldigen Entrüstung? Für welche würden Sie sich wohl entscheiden?

Wir wollen den Streit zwischen Gott und seinem Propheten verfolgen, der sich an der folgenschweren Frage entzündet, wie Gott auf die Gewalttätigkeit der Stadt reagieren soll. Die Geschichte berichtet von zwei Begegnungen (Jona Kap. 3+4). Da ist zunächst die Begegnung Gottes mit der Stadt selbst. Dann folgt eine Begegnung zwischen Gott und Jona. Dabei verteidigt Gott seine Politik der Geduld und des Erbarmens gegenüber der

Entrüstung des auf einen Erstschlag drängenden Jona. Wir haben es also mit zwei Szenen zu tun: 1. Gott und die Stadt und 2. Gott und der Prophet.

Gott und die Stadt

Die Stadt ist Ninive, eine für die Antike typische Großstadt, in der, wie zu jeder Zeit in jeder Stadt, der Fluch und der Segen, die schlimmste und die beste aller möglichen Welten sehr nahe beieinander liegen. Ninive steht im Brennpunkt des kulturellen Lebens und hat die besten Schulen, die besten Krankenhäuser, das beste Theater, die beste Musik und die am höchsten entwickelte Technologie — ein großartiger Ort. Hier gibt es aber auch die einsamsten Menschen, die abwegigsten Lebensstile, die bestechlichsten Politiker, die eklatanteste Unzucht und vor allem die brutalste Gewalt — ein schrecklicher Ort.

In der Bibel gibt uns die Stadt als Sitz der Zivilisation ein Rätsel auf. Einerseits gilt sie als gottlos; wer Gott suchen will, der muß einen Ausflug in die Berge oder eine Wanderung durch die Wüste machen. Gott ist am Ufer eines Forellenteichs zu finden, nicht in den von Zigarrenrauch erfüllten Zimmern eines Rathauses. Und dennoch: Stellen sich die inspirierten Verfasser einmal die Metropole als Wohnort Gottes vor, als Mittelpunkt seiner heiligen Gegenwart, als sein Zuhause, dann gilt Jerusalem als die heilige Stadt, als Stadt Gottes. Die Stadt kann also beides sein: ein von Gott verlassenes Sodom oder ein von Gott erneuertes Jerusalem.

Ninive befindet sich auf dem Gipfel zivilisierter Gottverlassenheit. Es handelt sich um einen atheistischen Hexenkessel voller Gewalt. Gott kann diese Gewalt nicht dulden; er kann die entmenschlichende Brutalität der Menschen nicht durchgehen lassen. Uns wird nirgends gesagt, welche Art von Gewalt Gott am meisten in Harnisch bringt. Ist es die Gewalt eines gegen die Armen gerichteten Wirtschaftssystems? Ist es militärische Gewalt? Oder vielleicht nur die Gewalt der Rowdys und Schlägertypen auf der Straße? Möglicherweise machen alle zusammen, auch die Gewalt manch eines Ehemannes gegen seine Frau, Ninive zum Symbol der gewalttätigen Zivilisation schlechthin.

Jona war des gewalttätigen Treibens der Niniviter wegen ebenso wütend wie Gott. Darum schickte Gott seinen Propheten in die Stadt, um anzukündigen, daß er, der Herr, ihr ein Ende machen wolle. Der aufgebrachte Prophet, der selbst einen Löffel voll Gewalt in seinem selbstgerechten Herzen hegte, ging mit größtem Vergnügen an die Arbeit. Er hatte sich, Sie erinnern sich gewiß, schon einmal auf den Weg begeben. Aber dann kam ihm der Gedanke, Gott könne sich im kritischen Augenblick als weichherziger Liberaler entpuppen und einen Rückzieher machen, sobald es auf den roten Knopf zu drücken gelte. Damals trat ein Wal zwischen Jona und Ninive. Jetzt ist er aber da und verkündigt feurig das Verderben. Er läßt die ganze Stadt wissen, was Gott vorhat: Er wird die Stadt verwüsten, vernichten, dem Erdboden gleichmachen. Gottes Zorn kennt keine Grenzen; er kann ihr gottloses Treiben nicht länger hinnehmen. Darum wird Gott in 40 Tagen, das sind 30 Tage plus zehn, sein schreckliches schnelles Schwert und seinen glühenden Wirbelwind gegen Ninive aussenden. Es gibt kein Entrinnen. Mit Ninive wird es aus und vorbei sein.

Jona verkündete trockenen Auges die Botschaft; es rannen ihm keine Tränen über die Wangen, als er den Untergang Ninives ankündigte. Sie hatten es doch verdient, diese gottlosen Atheisten im Osten! Ich schätze, er hatte gar nicht so sehr unrecht. Wir tun gut daran, darauf achtzugeben, daß Gott dem Propheten nicht widerspricht, wenigstens was die Schuld Ninives angeht. Weder verteidigt der Herr das gewalttätige Treiben in der Stadt noch entschuldigt er es.

Jona verkündete also 39 Tage lang das Verderben, dann trat er beiseite, um sich am 40. die pilzförmige Explosionswolke anzusehen. Als jedoch der Tag des Schreckens gekommen war, passierte nichts Besonderes. Die Sonne ging auf, die Kinder gingen hinaus, um Ball zu spielen, Männer gingen an die Arbeit, und Frauen taten, was immer Frauen in antiken Städten zu tun pflegten. Der Reigen des Stadtlebens ging weiter. Das Gericht war verschoben worden.

Was ging da vor sich? Es fanden zwei Veränderungen statt, beide gleichermaßen erstaunlich. Die eine betraf die Stadt, die andere Gott. Die Stadt wurde anders. Gott wurde anders. Nachdem sich beide geändert hatten, konnten 120.000 Menschen den nächsten Tag erleben.

Die Stadt wurde anders. Das war vielleicht die unglaublichste Veränderung von allen. Die große Stadt des Menschen, die gottlose Schöpfung einer sündigen Zivilisation, bekehrte sich. Es begann damit, daß gewöhnliche Leute ihres gewalttätigen Treibens wegen Buße taten. Sie begriffen, daß es selbstmörderisch und sinnlos ist, wenn menschliche Wesen ihren Willen mit Hilfe brutaler Übergriffe durchsetzen. Sie taten Buße und legten die Gewalt ab. Und ihre ganz persönliche Bekehrung fand Anklang; es entstand eine Bewegung, die sich immer mehr ausbreitete. Von Familien ausgehend, in denen der Ehemann aufhörte, Gewalt gegen seine Frau anzuwenden, erfaßte sie ganze Straßenzüge, das Rathaus und zuletzt sogar den Palast des Königs. Der König von Ninive führte einen Festzug der Reue an, an dem die

160

ganze Nation beteiligt war. Es wurde eine neue königliche Politik der Gewaltfreiheit verkündet. Die Stadt wurde anders — nicht für immer, nicht völlig, nicht von Kopf bis Fuß, aber wenigstens im Herzen; sie traf vor dem Angesicht Gottes die Entscheidung, der Gewalt als Mittel der Konfliktbewältigung eine Absage zu erteilen.

Wir müssen diese nahezu unglaubliche Tatsache auf uns wirken lassen. Denn es handelt sich um ein Gleichnis, das uns deutlich machen soll, was in der Stadt des Menschen möglich ist. Ninive ist ein biblisches Sinnbild der zur Gewalt neigenden Zivilisation, die der sündige Genius der Menschheit ins Leben gerufen hat. Ninive steht für Washington und Moskau, für Berlin und Beijing, für sämtliche großen Machtzentren und ihre Tendenz, der menschlichen Rasse die größtmögliche Gewalt anzutun. Die Bekehrung Ninives sagt uns, daß unsere Zivilisation nicht unabänderlich in einem Teufelskreis der Gewalt gefangen ist. Wir sind keine hilflosen Passagiere in einem Zug, der unaufhaltsam auf eine Nuklearkatastrophe zurast.

Wir können uns entscheiden, die Gewalt abzulehnen. Wir können dem nuklearen Wettrüsten Einhalt gebieten; wir können dem Wahnsinn eine Absage erteilen; wir können von der Eskalation abrücken, die uns zur Tötung von Millionen unschuldiger Kinder antreibt. Ninives Bekehrung ist ein Zeichen. Die Stadt des Menschen kann wenigstens in dieser Hinsicht anders werden: Sie kann die Gewalt als Mittel der Problembewältigung ablegen.

Wenn wir nicht glauben, daß die Stadt anders werden kann, glauben wir nicht an die Gegenwart und die Kraft Gottes.

Die zweite Veränderung ging in Gott vor. Gott änderte seine Meinung. An dem einen Tag sagte Gott: Ninives

Frist ist abgelaufen; der Tag seines Untergangs ist gekommen. Am nächsten Tag sagte er aber: Ninive soll leben, seine Frist ist verlängert; Frauen sollen Kinder zur Welt bringen, junge Männer und Frauen von der Zukunft träumen; der Reigen des Lebens soll weitergehen. Ich weiß nicht, ob Sie diese Sinnesänderung Gottes überrascht. Mir, einem eingefleischten Kalvinisten, macht sie eines alten theologischen Vorurteils wegen eine lange Nase. Ändert Gott wirklich seine Meinung?

Die Antwort heißt ja, Gott ändert tatsächlich seine Meinung. Doch ändert er nie sein Herz. In den Tiefen seines mitleidvollen Herzens ist Gott für immer unwandelbar. Und das ist es, was Gott sich in seinem Herzen vorgenommen hat: Verlorene zu suchen und selig zu machen, Verletzte zu heilen, Entfremdete zu versöhnen, Gefangene zu befreien und die Welt als Friedensreich neu zu erschaffen. Er will nicht, daß jemand verloren werde; dies ist der feste Vorsatz seines großartigen Herzens. Und wenn er, um diesen Vorsatz zu verwirklichen, seine Meinung revidieren, seine Taktik ändern oder einen Kurswechsel vornehmen muß, dann tut er es. Gott ist nicht der ewig Teilnahmslose. „Du änderst dich nicht, dein Erbarmen hört niemals auf." In diesen Worten kommt eine authentische Theologie der Unwandelbarkeit Gottes zum Ausdruck. Gott ist der ewig Unwandelbare — in seinem Erbarmen mit der Stadt und den Menschen.

Diese beiden Veränderungen, das Anderswerden der Stadt und die Sinnesänderung Gottes, bedeuten, daß die der Stadt gesetzte Frist verlängert wird. Das Volk bekommt eine Atempause. Die Geschichte kann sich eine Weile fortsetzen. Wer das Leben liebt, wer in seiner Seele auch nur ein Gramm Erbarmen empfindet, der möge Gott dafür danken.

Gott und der Prophet

Nicht aber Jona. Jona hält sich hinter den Kulissen auf und guckt dumm aus der Wäsche. Er schäumt vor Wut. Und seine Wut gilt in erster Linie Gott. Es gibt zwei Gründe, warum er so zornig ist.

Erstens: Gott hat ihn in den Augen der ganzen Stadt lächerlich gemacht. Das ist doch keine Art, mit einem Propheten umzugehen! Erst befiehlt er ihm, allen und jedem das Herannahen einer großen Katastrophe anzukündigen — ohne Hintertürchen, ohne Rücktrittsklausel, ohne irgendwelche Bedingungen. Die Stadt wird am 21. Juni 981 v. Chr. vernichtet werden (oder so ungefähr). Und was passiert? Nichts, absolut nichts. Jona steht da wie der Sektenführer, der seinen Anhängern versprach, sie würden am 21. Juni 1981 allesamt in den Himmel entrückt. Oder wie die Propheten, die uns wissen ließen, ganz Kalifornien werde im August 1969 ins Meer absakken. Das ist wirklich keine Art, einem unsicheren Prediger den Rücken zu stärken. Darum hat Jona eine Wut im Bauch; Gott hat den Stolz seines Propheten verletzt.

Es gibt jedoch einen tieferen Grund für Jonas Zorn. Und der hat sowohl mit der Art von Welt zu tun, in der wir leben, als auch mit der Art von Gott, mit der wir leben müssen. Jona verlangt es nach einer Welt, in der die Bösewichte stets ihren wohlverdienten Lohn empfangen, und das spätestens bis zum Ende des dritten Akts. Jona glaubt an die Gerechtigkeit der schnellen Hinrichtung: Man bekämpfe die Gewalt mit Gewalt und zahle jedem sofort seine bösen Taten heim.

Als am 40. Tag keine Katastrophe über Ninive hereinbrach, brach für Jona die Welt zusammen. Hier stand nichts Geringeres auf dem Spiel als der moralische Bestand des Universums. Wie konnte man sich jemals

wieder darauf verlassen, daß Gott seinen Pflichten nach-
käme? Wie konnte man einem Gott vertrauen, bei dem
das Erbarmen über das sittliche Empfinden siegt? Wie
kann man es einem Gott der Gnade zutrauen, dem in unserer Welt grassierenden Bösen entgegenzuwirken?

Wie verhält sich ein entrüsteter Prophet, wenn das
Erbarmen Gottes die angekündigte Vernichtung abwendet? Er zieht sich in einen Vorort zurück und schmollt.
Er hat die Stadt sowieso nie gemocht. Er rückt sich auf
der Terrasse eine Liege zurecht, mixt sich einen Drink
und wartet. Läßt man Gott ein wenig Zeit, dann könnte
er sich wieder in die Gewalt bekommen, Rückgrat zeigen, ein schreckliches Gericht über den Osten schicken,
einen vernichtenden Schlag gegen die Stadt führen und
den Feind doch noch umbringen. In der Zwischenzeit
will Jona seinen Prophetenberuf an den Nagel hängen
und dem Leben ein wenig Freude abzugewinnen trachten. Er postiert sich neben dem Swimmingpool und wartet, um zu sehen, ob vielleicht doch noch eine pilzförmige Wolke über der Asche der gewalttätigen Stadt auf-
steigt.

Jetzt findet die Begegnung zwischen Gott und seinem
Propheten statt. Gott muß dem wichtigsten Wortführer
der alten Garde seine neue Politik Ninive gegenüber
erklären. Darum besucht er Jona am Rand seines Swim-
mingpools.

GOTT [spricht als erster]: Jona, ich habe
gemerkt, daß du nicht gut auf mich zu
sprechen bist. Du bist ziemlich gereizt.
JONA: Ich bin über das, was du mir angetan hast,
empört. Ich bin so verletzt, daß ich mir
den Tod wünsche.

GOTT: Möchtest du vielleicht darüber reden?

JONA: Und ob ich das möchte. Ich wußte von Anfang an, daß du weichherzig bist. Ich hab's geahnt, daß du mir mit Erbarmen oder so 'nem Gewäsch kommen würdest. Ich hätte mich auf meinen Instinkt verlassen und um Ninive einen großen Bogen machen sollen wie beim erstenmal.

GOTT: Aber Jona, welchen Grund hast du denn, auf mich böse zu sein?

JONA [antwortet nicht.]

Also, wenn Jona nicht bereit ist zuzuhören, dann wird ihn vielleicht eine Gegenstandslektion ansprechen. Eine Rizinusstaude muß her! Eine herrliche Rizinusstaude wächst über Nacht und spendet dem müden Propheten ein wenig wohltuenden Schatten, während er es sich gemütlich macht und auf die endgültige Auseinandersetzung um Ninive wartet. Welch ein Rizinus! Nach den neuesten Zahlen beschäftigen sich rund 239 Dissertationen mit der botanischen Identität dieser Staude. Aber dann kommt der Wurm. Ein riesiger, hungriger Wurm! Er beißt einmal energisch zu und vernichtet den Rizinus. Das muß ein Ungeheuer von Wurm gewesen sein!

Jona wird jetzt fuchsteufelswild. Wem wäre es nicht so ergangen? Ein heißer Wind weht, die Sonne brennt unbarmherzig auf seine Glatze herab und in seinem Swimmingpool schwimmen die Reste des vom Wurm zerfressenen Rizinus. Ich bin schon mal wegen geringerer Übel hochgegangen. Aber Gott hat auf alle Fälle seinen Standpunkt deutlich gemacht. Darum besucht er Jona wieder.

GOTT: Wir haben deinen Ärger bis hinauf in den Himmel spüren können, Jona. Meinst du etwa, daß es heilsam ist, so böse zu werden?

JONA: Na ja, jetzt weiß ich wenigstens, wo ich mit dir dran bin, Herr. Es läuft letzten Endes auf folgendes hinaus: Du zwingst uns, in einer lausigen Welt zu leben, die angeblich von einem liberalen Gott regiert wird, der weder klare Grundsätze vertritt noch Rückgrat zeigt. Fakt ist, daß ich in einer solchen Welt nicht leben möchte; ich will aussteigen. Ich möchte lieber sterben. Das Leben wird nie wieder in Ordnung kommen; Gott übt mit dem Bösen Nachsicht.

GOTT: Das hat doch der Rizinus bei dir bewirkt, nicht wahr, Jona? Du empfindest etwas. Du hast mit der Pflanze Mitleid. Diese schöne Staude hat es dir angetan. Nun, wenn du etwas für eine Rizinusstaude empfindest, sollte mich nicht jammern Ninive, eine so große Stadt, in der mehr als 120.000 Menschen sind, die nicht wissen, was rechts oder links ist, dazu auch viele Tiere?

Sind wir jetzt im Bilde? Jona sah nichts als Gottlosigkeit; Gott sah Menschen. Jona sah gewaltfördernde Machtstrukturen; Gott sah schwache Menschen. Jona sah das Übel und entrüstete sich; Gott sah Menschen und erbarmte sich. Und diese unterschiedliche Wahrnehmungsweise löste ihren Konflikt aus.

Sie löst auch heute Konflikte aus. Moralisch entrüstete

Menschen sehen sich genötigt, die Menschheit fein säuberlich in Freunde und Feinde, in Helden und Bösewichte einzuteilen, und fordern, mit den Feinden und Bösewichten kurzen Prozeß zu machen. Gott hingegen betrachtet die Menschen als Individuen, von denen jeder einzelne teils gut, teils böse ist. Er erklärt sich bereit, ihnen eine Chance einzuräumen, die ihnen gesetzte Frist zu verlängern und die Welt eine Weile weiterexistieren zu lassen, „weil er nicht will, daß jemand verloren werde" (2. Petrus 3,9; rev. Lutherübers.).

Die Jonas dieser Welt sagen: „Aber sie sind doch so abgründig böse." „Stimmt", entgegnet Gott, „aber denkt an die Kinder. Wenn ihr euch schon der Breschnews dieser Welt nicht erbarmen könnt, dann erbarmt euch wenigstens der Kleinen." (Es hat noch nie ein Kind darum gebeten, in Ninive — oder in Rußland oder China — auf die Welt zu kommen, noch hat je irgendein Kind das Vorrecht verdient, in den Vereinigten Staaten geboren zu werden. Und noch nie hat sich ein Baby freiwillig dafür entschieden, das Licht der Welt im Herzen eines Großstadtgettos in einer Wohnung ohne Warmwasser zu erblicken.) „Willst du dich nicht wenigstens der Kinder erbarmen, Jona? Du willst, daß die gewalttätigen politischen Führer ihren wohlverdienten Lohn empfangen, aber ich frage dich: Was haben die unschuldigen Kinder verdient? Wenn Ninive in Flammen aufgeht, verbrennen die Kinder mit. Denkt an die Kinder, ihr Jonas dieser Welt."

Und auch an die Tiere. Gott erbarmt sich sogar der Tierwelt. Warum sollte er alle Tiere Ninives schlachten? Warum nicht die Welt ihren unbedeutenden Gang eine Weile fortsetzen lassen?

Gottes Handeln an Ninive zeigt uns gleichnishaft, wie Gott mit der menschlichen Geschichte, mit sündigen

Menschen und mit uns umgeht. Hier haben wir die Antwort auf die uralte Frage: Warum läßt Gott zu, daß die Menschheitsgeschichte weitergeht, wo doch alles daran so schlimm zu sein scheint? Warum wartet er so lange, ehe er das Ganze in einem eschatologischen Gericht in Flammen aufgehen läßt? Gottes Handeln an Ninive ist ein Fanal der Wahrheit, die der Apostel Petrus im Neuen Testament zur Sprache bringt. Als manch einer sich über die Prophetie, daß Jesus wiederkommen, über die alte Welt zu Gericht sitzen und sie in eine neue umgestalten werde, lustig zu machen begann, erklärte Petrus, warum Gott sich so viel Zeit läßt: „Gott will nicht, daß irgend jemand zugrunde geht, sondern daß alle zur Buße gelangen" (2. Petrus 3,9).

Gottes Erbarmen motiviert ihn, den Status quo um der Menschen willen noch eine Weile zu ertragen. Gott erträgt ungelöste Rätsel, menschliche Herzenshärtigkeit, Welten voller Unrecht, doch immer nur, um den Menschen Gelegenheit zu geben, zu ihm zurückzufinden. Das Erbarmen hat es mit dem Gericht nicht eilig. Es wartet geduldig auf einen neuen Tag, eine Zukunft, in der alles anders sein könnte. Im Erbarmen steckt die Kraft, unsere Hypothek auf die Zukunft noch nicht für verfallen zu erklären.

Unsere Zeit bedarf einer starken Dosis göttlichen Erbarmens. Wir müssen mehr sehen als das feindliche, fremde Reich des Bösen. Wir müssen weiterblicken als nur bis zu den gottlosen Systemen und bedrohlichen Ideologien ausländischer Großmächte. Wir haben es nötig, mit den Augen Gottes zu sehen und den Feind als eine Ansammlung gewöhnlicher Leute zu betrachten. Wir haben es nötig, die Stimme des sich erbarmenden Gottes auf das Pentagon und auf den Kreml zu übertragen. Wir müssen es klar und deutlich sagen, daß Gewalt keine unüber-

windliche Gewohnheit ist und daß eine Nuklearkatastrophe kein unabwendbares Schicksal sein muß.

Die Christen richten ihren Blick seit 2000 Jahren auf
Jesus Christus und sehen in ihm die endgültige Antwort
auf das gewalttätige Treiben des Menschen. Der Apostel
Petrus hat es gleich zu Beginn der christlichen Ära gesagt:
„Wir warten auf einen neuen Himmel und eine neue
Erde [...], in denen Gerechtigkeit wohnt" (2. Petrus
3,13; rev. Lutherübers.). Wir Christen halten seit der Zeit
danach Ausschau. Wir halten Ausschau nach einem Tag,
an dem wir unsere Atomwaffen zu Pflugscharen
machen, hinfort nicht mehr lernen, Krieg zu führen, und
der Gewalt als Mittel zur Bewältigung unserer Probleme
eine endgültige Absage erteilen. Wenn wir diese Lang-
zeitperspektive beibehalten können, werden wir keine
gewalttätigen Sofortlösungen für unsere Probleme fordern; wir haben es nicht nötig, jetzt gleich, in diesem
Moment, ein für allemal alles heimzuzahlen. Wissen wir
doch, daß die endgültige Antwort zum von Gott selbst
bestimmten Zeitpunkt eintreffen wird. Lassen Sie uns
lieber unseren Zorn auf den Feind besänftigen, den Haß
zurückdrängen, unsere Entrüstung in Schranken halten
und vom geduldigen Geist des sich erbarmenden Gottes
trinken.

Es werden noch genug Stimmen laut werden, um
einen militärischen Erstschlag und die Vernichtung des
Feindes zu fordern. Es werden noch genug entrüstete,
ungeduldige Propheten auftreten in der Überzeugung,
Gott habe die Vereinigten Staaten zum Vollstrecker seines Zornes auf die Städte des Feindes ernannt. Das sind
die Jonas unserer Zeit. Lassen Sie uns als Christen, die
wir am Kreuz von Golgatha das Erbarmen aus erster
Hand kennengelernt haben, lieber davon reden, dem
Frieden eine Chance zu geben, den Tag der Katastrophe

zu verzögern und die Menschheit so lange weitermachen zu lassen, bis Jesus wiederkommt.

Gottes Geduld und Erbarmen sind auch die Antwort auf unsere persönliche Ungeduld. Vom Kontrollzentrum unseres mit Sorgen geplagten Lebens aus sieht die Geduld Gottes oftmals wie eisige Gleichgültigkeit aus. Er läßt sich so furchtbar viel Zeit, daß es den Anschein erwecken kann, als seien wir ihm egal. Doch hat Gott viel Zeit und läßt sich wie ein Maler, der seine Arbeit liebt, nicht zur Eile antreiben. Auch wir sollten uns nicht zur Eile antreiben lassen, vor allem dann nicht, wenn uns danach zumute ist, zu resignieren, Schluß zu machen, uns im Blick auf die verzwickten Probleme, für die wir am liebsten sofort eine Lösung hätten, geschlagen zu geben. Wir sollten nicht zu schnell aufgeben, wenn alles schiefläuft. Wir sollten nicht zu schnell aufgeben, wenn es in unserer Ehe kriselt. Wir sollten nicht zu schnell aufgeben, wenn unsere Kinder in Schwierigkeiten geraten. Wir sollten nicht zu schnell aufgeben, wenn wir selbst einmal unter die Räder kommen. Verlangen Sie nicht, daß alles sofort in Ordnung kommt. Lassen Sie Gott Zeit, so wie er uns Zeit läßt.

Summa summarum können wir sagen, daß Gott uns die Gnade gibt, ihn in seiner Geduld nachzuahmen. Er gibt uns eine freie Wahl. Werden wir wie Jona die sofortige, gewalttätige Lösung unserer Probleme fordern? Oder werden wir Gott Zeit lassen, damit er uns auf seine Weise zeigen kann, daß wir unsere Hypothek auf die Zukunft nicht für verfallen erklären müssen und daß morgen alles wieder in Ordnung sein kann, auch wenn heute alles unerhört schlimm zu sein scheint? Tut er das, so werden wir die Gewißheit bekommen, daß es ab heute mit uns zum besten steht — auch wenn wir auf alles andere warten müssen.

11. Stürzen Sie in die Hölle, dann kann es sein, daß Sie in der Hand Gottes landen

Die Gabe, gehalten zu werden

Bettete ich mich in der Hölle ..., so würde auch dort deine Rechte mich halten.

(Psalm 139, 8.10)

Ich befand mich ganz allein in einem schlichten, rot ange-strichenen Ferienhäuschen auf Fox Island, einer Insel im Puget Sound unweit des nüchternen Fischerdorfs Gig Harbor im Bundesstaat Washington. Ich hielt mich vor einigen Jahren im Spätsommer dort auf, im ganzen drei Wochen lang. Ich hatte kein Radio dabei, keinen Fernse-her und keine Stereoanlage — und mußte daher auf Base-ballübertragungen, die 23-Uhr-Nachrichten und Mozart vor dem Abendbrot verzichten. Ich bestellte mir keine Zeitung, nahm keine Zeitschriften mit und las keine Bücher. Ich rauchte nicht, trank keinen Wein und führte keine Telefongespräche. Zweimal am Tag, morgens um zehn und nachmittags um vier, ging ich die Schotter-straße, an der das Häuschen lag, bis zur Bucht hinunter und dann am Strand entlang bis zur Brücke, die uns mit Gig Harbor verband. Fast jeden Morgen früh unterhielt ich mich mit John Finch, meinem Führer bei dieser Reise ins Innere. Ansonsten blieb ich in dem Häuschen und beriet mich mit meiner Seele. Mitten in der zweiten Woche, gegen vier Uhr am Mittwochnachmittag, fühlte ich die Gegenwart Gottes. Ich entdeckte, daß der alte hebräische Verseschmied recht hatte: Man kann sich in der Hölle betten und sich dennoch in der Hand Gottes befinden.

Alles, was ich in diesem Buch zu sagen versucht habe, ist unwahr, wenn folgendes nicht wahr ist: Wir können Gott in unserer persönlichen Hölle fühlen, da er unter uns und um uns ist, um uns zu stützen und bei Verstand zu halten, wenn wir selbstverschuldet in den Abgrund stürzen. Es ist alles wahr, wenn folgendes wahr ist: Können wir Gott in der Hölle finden, dann können wir ihn überall finden. Nur: Um ihn zu finden, müssen wir ihn fühlen. Der Schlüssel ist das Gefühl: Wir werden Gott nur entdecken, wage ich jedenfalls zu behaupten, wenn wir ihn fühlen.

Ich möchte davon berichten, wie ich an jenem warmen Nachmittag auf Fox Island Gott fühlte; ich möchte Ihnen mitteilen, wie dieses eine Stunde während Erlebnis für mich zu einem Gleichnis dafür geworden ist, wie wir ganz sicher, aus Erfahrung, wissen können, daß das Leben in seinem tiefsten Kern wirklich gut sein kann, auch wenn alles nach außen hin höllisch ist.

Das Alleinsein unter Verzicht auf meine zahlreichen psychischen Krücken war nur meine Art, klar Schiff zu machen. Das Alleinsein verschafft uns nicht automatisch Zutritt zu Gott; es gibt uns lediglich die Möglichkeit, mit dem Gerümpel aufzuräumen, das allzuoft die Ventile unserer tieferen Gefühle verstopft. Wenn kein Fernseher da ist, kann ich mich nicht davonmachen, um mir im zweiten Programm irgendein wichtiges Fußballspiel anzusehen. Wenn ich nichts zu lesen habe, fällt es mir ein klein bißchen schwerer, meine Gefühle mit einer Decke aus Gedanken zu ersticken. Wenn keiner da ist, mit dem ich plaudern könnte, fällt es mir ein wenig schwerer, Gott abzuschalten, damit ich mit einem Bekannten einen

Plausch halten kann. Darum sperrte ich einfach ein paar meiner üblichen Fluchtwege. Würde ich Gott jetzt nicht begegnen, dann wären wenigstens keine alltäglichen Ablenkungsmanöver daran schuld.

In der Hölle, das weiß wohl jeder, rechnet man nicht damit, Gott zu finden. Die Hölle ist der höchste Gipfel des Gefühls, daß alles falsch läuft, das Nonplusultra des Nichts, die Quintessenz des Von-Gott-verlassen-Seins. Darum lief mein Erlebnis allem zuwider, was ich vernünftigerweise erwarten konnte. In der Tat, ich glaube nicht, daß ich Gott so hätte fühlen können, wie ich ihn fühlte, wenn ich nicht vorher in die Hölle geraten wäre und mich dort von ihm hätte finden lassen.

Mir bleibt nichts anderes übrig, als mich darauf zu verlassen, daß Sie mich verstehen. Man braucht nicht unbedingt zu warten, bis man stirbt, ehe man die Hölle erlebt. Wir haben auch unsere Minihöllen, von denen viele, wie die an den Kreuzungen gegründeten Kleinstädte entlang der Fernstraße 83 im südlichen Arkansas, an den Wegscheiden unserer persönlichen Pilgerfahrt stehen. Minihöllen sind ebenso echt wie der Abgrund selbst, nur weniger endgültig. Es sind die Höllen unserer Gefühle, und daß wir Gott in ihnen fühlen, versetzt uns ebenso in Erstaunen, wie wenn es uns im Inferno selbst widerführe. Der springende Punkt ist freilich der: Fühlen wir uns im Abgrund unserer persönlichen Hölle in den Händen Gottes, dann wissen wir, daß es schon gut ist, auch wenn alles zum schlimmsten steht.

Geschieht so etwas wirklich? Ist Gott selbst — der wahre Gott — dort in der Tiefe, am Ort unserer Qual, wo alles absolut höllisch ist? Oder gab sich der hebräische Psalmendichter romantischen Träumereien hin, als er erwartete, die Hand Gottes werde ihn auch dann festhalten, wenn er ins schwarze Loch des Hades stürzte, hinabgleitend am gefrorenen Kot der Hölle, des Niemandslandes der Verlorenen? Ich kann nur folgendes dazu sagen: Als ich Gott fühlte, fühlte ich wirklich Gott; ich hatte nicht nur ein Gefühl, das ich mit Gott verwechselte. Ich schmiegte mich wirklich an die Hände Gottes; starke Finger umschlossen mich mit dem fühlbaren Druck der Liebe. Erwarten Sie nicht von mir, daß ich mich auf ein Streitgespräch darüber einlasse. Erwarten Sie nicht von mir, daß ich die Chancen ausrechne oder das Beweismaterial dafür auswerte, daß Gott in der Hölle ist. Sie werden mich schlicht und einfach gewähren lassen müssen, während ich erzähle, was ich fühlte.

Wir sollten mit dem gebührenden Ernst von den Händen Gottes reden. Er hat wirklich Hände. Wir sollten nicht Schule spielen und von bildlichen Wendungen oder dergleichen sprechen. Gottes Hände sind keine Metaphern. Unsere menschlichen Hände sind Metaphern. Arbeite ich mit den Händen, so bin ich ein Lehrling, der Gott nachahmt — freilich ein recht ungeschicktes Abbild. Gott erlaubt es uns nur deshalb, unsere fünfgliedrigen Extremitäten als Hände zu bezeichnen, weil sie seinen Händen irgendwie ähnlich sind. Seine Hände hingegen sind echte Hände, die Urbilder, die Archetypen schöpferischer Hände. Darum geht es um Leben oder Tod, wenn wir fragen, ob seine Hände uns wirklich halten, wenn wir in unsere Minihöllen stürzen oder uns dort betten. Die Hände Gottes sind in der Hölle unsere einzige Sicherheit. Wir befinden uns im Brennpunkt der Gnade, der elementaren Sicherheitszone, sobald wir in unserem Bett in der Hölle fühlen, daß die Hände Gottes uns hochhalten.

Ist Ihnen schon einmal aufgefallen, in welch hohem Maße wir auf menschliche Hände angewiesen sind, die Verschiedenes für uns in Ordnung bringen und uns so

174

aus unseren Minihöllen heraushalten? Natürlich ist es Ihnen aufgefallen. Doch sollten wir dabei nicht nur an die Hände eines Chirurgen denken, der uns einen Tumor herausschneidet, auch nicht an die Hände eines Genforschers, der die Erbanlagen des Menschen dadurch zu veredeln versucht, daß er die Gene unserer geheimnisvollen DNS hin- und herschiebt. Denken wir statt dessen daran, wie unsere Mutter uns mit der Hand über den Kopf streicht, und zwar gerade fest genug, um uns mitzuteilen, daß die für uns wichtigste Person uns für ein artiges Kind hält, artig genug, um es ihr möglich zu machen, uns liebzuhaben. Denken wir daran, wie Freunde uns kräftig auf die Schulter klopfen — welch eine Tracht Prügel nehmen wir hin, nur um das Gefühl zu bekommen, zur Clique dazuzugehören! Mit einem Quentchen Glück kann es uns dann und wann widerfahren, daß andere in die Hände klatschen, um uns zu zeigen, wie sehr sie unsere Darbietung schätzen. Brausender Beifall wirkt wie Lourdes auf ein verkrüppeltes Ego. Dann gibt es noch das sanfte Streicheln, das intime Kraulen, die sinnliche Liebkosung einer Hand, die unsere Haut kaum berührt, einer Hand, die Zuneigung, Verlangen, Annahme signalisiert — und den Wunsch, wir möchten wissen, daß wir das Leben eines anderen mit Freude erfüllen können.

Was bedeuten uns diese Hände? Sie bedeuten uns beinahe alles; es sind die Hände unserer menschlichen Götzen, die Hände, die uns wissen lassen, daß wir in Ordnung sind und daß es mit uns zum besten steht. Sie geben uns das Gefühl, anerkannt zu werden. Sie geben uns das Gefühl, ein netter Bursche zu sein, den andere mögen, begehren, verehren. Es sind die Hände, die uns halten und uns daran hindern, in die Minihöllen unserer tiefsten Gefühle zu stürzen. Wir könnten auf die eine oder andere verzichten, nicht jedoch auf sie alle und gewiß nicht auf alle zugleich. Wenn uns keine Hände berühren, tätscheln, streicheln und keiner Beifall klatscht, sind wir verloren. O Gott, wie sehr wir diese menschlichen Hände brauchen! Lassen sie uns im Stich, dann betten wir uns in der Hölle.

Viele unter uns hetzen durchs Leben mit einer Heidenangst, daß menschliche Hände sich nicht zu ihnen ausstrecken und sie ihr beifälliges Schulterklopfen nicht zu spüren bekommen werden. Vielleicht ist es schlimmer, allein gelassen zu werden, ungestreichelt, als mitgeteilt zu bekommen, die Hände eines Chirurgen könnten unsere Geschwülste nicht operieren. Möglicherweise ist es höllischer, von anderen abgelehnt zu werden, als unheilbar krank zu sein. Ich möchte mich nicht festlegen. Doch weiß ich, daß es die Hölle sein kann, wenn man hängengelassen wird — ohne die Muttermilch moralischer Bestätigung, ohne Applaus, ohne motivierendes Lob, ohne Unterstützung, nur auf sich selbst angewiesen. Angewiesen auf sein eigenes Inneres, auf sein ureigenes Selbst, ohne irgend etwas oder irgend jemanden zu haben, der einen am Stürzen hindert.

Damit wären wir am Kernpunkt angelangt: Immer wenn menschliche Hände aufhören, uns über den Kopf zu streichen, so wie Mutter es zu tun pflegte, oder wenn wir endlich merken, daß alle Hände der Welt uns nicht genug streicheln können, um uns die Gewißheit zu geben, daß alles in Ordnung ist, dann sind wir in der Hölle gebettet. Wenn menschliche Hände uns im Stich lassen, so oder so, stürzen wir in die Hölle.

Mir widerfuhr es an einem sonnigen Mittwoch im September; ich stürzte in meine Minihölle und landete in den Händen des lebendigen Gottes. Ich kann dieses Stürzen nicht im Detail schildern; auch nach 25 Jahren des Nachdenkens und Lehrens über die Wege Gottes fehlen mir die Worte, um das auszudrücken, was ich fühlte. Meine schlauen Freunde, die alles über die Psychologie wissen, würden sagen, ich hatte einen akuten Anfall von Angst. Vielleicht hätten sie recht. Dem kann ich nur entgegensetzen, daß ich die rettende Gegenwart eines liebenden Gottes erlebte, der seine Hände unter mir hielt, als ich hängengelassen wurde, ausgetrocknet, ins Nichts gehängt, wo menschliche Hände mich weder erreichen noch halten konnten.

Ich schritt immer wieder die kurze Strecke ab zwischen dem muffigen kleinen Wohnzimmer und einer neben der Küche befindlichen Grauzone, die mit einem viereckigen Holztisch und vier wackeligen Stühlen völlig überladen wirkte; eine Minihölle kann überall sein. Während ich auf und ab ging, wurde ich immer unruhiger über die Kluft zwischen der in meiner kalvinistischen Großhirnrinde gespeicherten Gnadenlehre und meiner insgeheim gehegten Vorstellung, als guter Christ Gottes Beifall zu finden. Tief in meinem Inneren, dort wo ich noch ein kleiner Junge bin, brauchte ich, daß jemand mir über den Kopf strich, mich streichelte, mir Beifall klatschte; ich konnte mir erst dann der Gunst Gottes sicher sein, wenn ich auch von Menschen Anerkennung erhielt.

In der Tat, ich hatte meine Mutter und Gott durcheinandergebracht. Im Grunde brauchte ich ihre Anerkennung ebensosehr, wie ich die Anerkennung Gottes brauchte. Meine Mutter war mein Ersatzgott geworden, und ich fürchtete, daß es genauso schwer war, von ihr anerkannt zu werden, wie es schwer war, Gottes Beifall zu finden. Freunde, Kollegen und natürlich auch meine Frau — ich brauchte jeden, der Hände hatte, mich zu streicheln; sie alle wurden zur Ersatzmutter und zum Ersatzgott, mich zu rechtfertigen.

Für einige Erwachsene ist der kleine Junge oder das kleine Mädchen in ihrem Inneren der lustige Steppke, der verrückte, impulsive, verspielte kleine Dreikäsehoch, der sich im Schilf ihrer nüchternen Seele versteckt. Für mich war der Junge in meinem Inneren nichts als ein miserables Kerlchen, das wußte, es müsse etwas Besseres sein, als es war, um die Anerkennung seiner Mutter oder Gottes — die beiden ließen sich nicht trennen — zu finden. Der Junge in meinem Inneren war ein verängstigter kleiner Pharisäer, der dem Köder des göttlichen Beifalls nachjagte. Nur verwandelte sich der Köder in die Worte, die ich von meiner Mutter zu hören wünschte: „Ei, du frommer und getreuer Junge." Ich habe diesen Köder nie zu fassen bekommen und konnte ihn auch nie greifen, auch wenn ich ihm eine Million Jahre nachjagte.

Was soll man da machen? Was soll man machen, außer sich selbst auf der Jagd nach all diesen wunderbaren Tugenden k. o. schlagen, anderen allzuoft etwas vormachen, sich dann und wann selbst herabsetzen, damit man wenigstens um seiner Ehrlichkeit willen anerkannt wird, sich dennoch die ganze Zeit über alle Mühe geben, gut genug zu sein, und am Ende einen ganzen Berg von Elend mit sich herumtragen, weil man weiß, daß man nicht gut genug ist und es niemals sein wird? Unterdessen wußte ich um die christliche Lehre von der Gnade und erkannte sie mit verkopfter kalvinistischer Rechtgläubigkeit an. Ich erlebte sie jedoch nicht in meiner Gefühlswelt, jedenfalls nicht genug, um gräßlichen Depressionen zu entgehen, die mich jedesmal in ein Zimmer sperrten, dessen Wände mit der Botschaft beschmiert waren: „Du bist nicht würdig, du bist nicht würdig" — und mich manches Mal an den Rand der Verzweiflung trieben.

Während ich immer wieder, vornübergebeugt und,

wie ich annehme, wie ein von Arthritis befallener Ichabod Crane aussehend, den engen Raum zwischen der Wohnzimmercouch und dem Eßzimmertisch durchschritt, wurde mein ganzes Wesen von Traurigkeit ergriffen, und ich fing an, mich so zu fühlen, als wären mir sämtliche menschlichen Hände mit ihrem Streicheln und ihrem anerkennenden Tätscheln entzogen worden. Jetzt kam ich mir nicht nur wie ein Heuchler vor, weil ich sie so sehr begehrte, sondern fühlte mich dann von ihnen im Stich gelassen, als ich sie am meisten brauchte. Ich geriet in Panik. Mir war, als riefe meine Mutter: „Ich kann dir am Ende doch nie meine Anerkennung gewähren; du bist nicht gut genug und wirst niemals gut genug sein, um von mir geliebt zu werden." Mir war, als riefen meine engsten Freunde, die, die ich am meisten brauchte: „Es tut uns leid, aber wir können dich dort nicht erreichen. Wir können dir nicht helfen." Und alle anderen Leute aus meinem Umfeld riefen im Chor mit: „Wir können dir nicht helfen." Die Hände, die ich brauchte, wurden allesamt zurückgezogen. Es blieb keine einzige zurück, um mich zu halten.

Sie ließen mich allein. Ich wußte, daß ich ohne sie stürzen würde. Und ich stürzte in der Tat, immer tiefer herab, ins Nichts, ins Leere, in einen Abgrund, in das spöttische, gähnende Loch des Unwürdigseins und der Hilflosigkeit.

Ich hatte noch nie solche Einsamkeit, noch nie solchen Schmerz, noch nie solche Angst, solche Hilflosigkeit, solche Verzweiflung erlebt. Ich war verloren, total verloren. Ich spürte, wie ein ganzes Leben frommen Bemühens verpuffte, wie ein Leben unausgegorenen Glaubens an die Gnade als eitel entlarvt wurde. Ich war erledigt. Ich schrie um Hilfe und bekam keine. Ich bettete mich in der Hölle.

Ich legte mich in meiner geistlichen Wüstenei nieder. Aber ich ging nicht unter! Als ich mich ins Nichts stürzen ließ, fiel ich in Gott hinein. Der alte hebräische Lyriker hatte recht: Man kann sich in der Hölle betten und zugleich Ruhe in den Händen Gottes finden. Es ist nicht schrecklich, in die Hände des lebendigen Gottes zu fallen. Ganz gleich, was Jonathan Edwards gesagt haben mag[1]. Die Hände Gottes sind mit den Nägeln des Kreuzes Christi durchbohrt; seine Hände sind die Stärke seiner Liebe, die Kraft, uns zu halten und uns daran zu hindern, in eine Hölle ohne Gott zu stürzen.

Ich entdeckte, ganz für mich allein, einzig mit dem letzten Vorposten meines Gefühls in Kontakt, daß ich es überleben konnte, wenn man mich im Stich ließ, mir sämtliche Gerüste umstieß, alle Stützpfeiler unter mir wegzog, meine Streben zum Einsturz brachte und mich ganz und gar der menschlichen Hände beraubte. Im tiefsten Herzen überlebte ich, richtete mich auf, blieb heil, gehalten von nichts, nichts als der Gnade eines liebenden Gottes.

Ich befand mich in den Händen Gottes.

Ich konnte aus Gnade leben.

Ich konnte jede menschliche Stütze verlieren und dennoch nicht zu Boden stürzen.

Ich wurde gehalten und wußte: Ich werde niemals fallengelassen werden. Ich wurde gestützt und wußte: Ich werde niemals untergehen. Ich wurde zusammengehalten und wußte: Ich werde niemals auseinanderfallen. Ich war angenommen und konnte nicht mehr verworfen werden. Ich war geliebt und würde nie verachtet werden. Ich war in der Hölle, und Gott war für mich da. Ich wußte dann, daß er in all meinen Minihöllen zugegen sein würde, aber auch in meinen Minihimmeln.

Ich kniete mich im Wohnzimmer vor der unscheinbaren blaugrauen Couch nieder, um Gott dafür zu danken, daß er mich gestützt hatte. Ich dankte ihm dafür, daß ich – mit ihm – nicht gut genug zu sein brauchte. Ich konnte ohne die Anerkennung meiner Mutter blühen und gedeihen. Ich konnte ohne den Trost überleben, den ich bislang aus dem sanften Streicheln mir wichtiger Personen geschöpft hatte. Ich dankte ihm dafür, daß er da war, um mich anzunehmen, „so wie ich bin", und das aus keinem anderen Grund, als daß er am Kreuz sein Blut für mich vergossen hatte. Und ich dankte ihm, daß er mich in Zukunft aus der Grube der Verzweiflung heraushalten würde. Ich fühlte Liebe, daher wußte ich, daß ich Gott fühlte. Oder war es umgekehrt? Es kann sein, daß ich Gott fühlte und deshalb wußte, daß ich Liebe fühlte; ich kann mir die richtige Reihenfolge nie merken. Das macht nichts. Ich fühlte, daß es gerade dann mit mir zum besten stand, als ich fühlte, daß alles ganz furchtbar war.

Wie ist das, wenn man Gott in der Hölle fühlt? Ich habe mich nie der Kunst des Mystikers befleißigt, Gotteserlebnisse mit Hilfe von Metaphern zu schildern. Offen gesagt, ich fühlte keine süße Seelenlust, die mich in die Arme Jesu gelockt hätte. Ich fühlte mich nicht wie ein menschlicher Wassertropfen, der in ein Meer von Göttlichkeit aufging. Ich hörte kein göttliches Flötenspiel und wurde nicht in schwärmerische Ekstase versetzt. Ich wurde nicht einmal von himmlischem Licht überflutet. Ich fühlte statt dessen die nüchterne, elementare Erleichterung, die mit der Gewißheit einherging, daß ich dem Schlimmsten ins Auge sehen konnte, ohne vernichtet zu werden, daß ich leben konnte, ohne von meiner Mutter getätschelt zu werden, und daß ich ich selbst sein konnte, ohne mich, wenn es hart auf hart ging, im geringsten darum zu kümmern, ob mir meine Mutter oder sonst irgend jemand Beifall zollte oder nicht. Denn ich wußte mich von der bedingungslosen, von Christus erworbenen Liebe Gottes getragen. Ich wußte, daß es auch dann mit mir zum besten stehen konnte, wenn alles andere kaputt wäre.

Würde mir nie wieder eine menschliche Hand auf die Schulter klopfen, um mir mitzuteilen, daß ich zur Clique dazugehöre, dann würde ich es überleben.

Würde nie eine menschliche Hand die meine ergreifen, um mir mitzuteilen, daß ich einen Freund habe, dann würde ich es überleben.

Würde mir nie jemand mit geschickter Hand über die Lippen fahren, um mir mitzuteilen, daß ich geliebt werde, dann würde ich es überleben.

Würde bei meinem Tod keine liebevolle Hand auf meiner Stirn ruhen, dann würde ich es überleben.

Würde keine kirchliche Hand über meiner Leiche erhoben, um mir den Abschiedssegen zu erteilen, dann würde ich es überleben.

Die kleine Hölle, die ich erlebe, wenn ich keine menschliche Hand habe, die mir hilft, vermag ich deshalb zu überleben, weil ich in der Hölle von der Hand Gottes gehalten werde. Ich fühlte nicht so sehr Seelenwonne, sondern Stärke. Es gibt einen Mut, der daraus erwächst, daß man in der Hölle von Gott gehalten wird: den Mut, man selbst zu sein, und zwar in der Gewißheit, daß man nie wieder auf die Gegenwart des Gottes verzichten muß, der einen hält. Ja, das, was ich fühlte, wäre eher Mut zu nennen als Frömmigkeit.

Das alles ist ein Gleichnis, ich weiß. Ich weiß, daß die Hölle, die ich auf Fox Island erlebte, die Hölle meines inwendigen Gefühls der Verlorenheit war. Die Hände Gottes waren die Gnade Gottes, die mich davon zurückhielt, mich verurteilt zu fühlen. Ich entdeckte in meiner Gefühlswelt, was ich in meinem Kopf seit vielen Jahren weiß, nämlich daß wir in unserem Inneren zusammengehalten und in unserer Sündhaftigkeit geliebt werden von einem Gott, dessen Kraft und Gnade überall vorhanden sind, auch in unseren Höllen. Der Unterschied war nur der, daß ich jetzt *fühlte,* wie er mich hielt, und daß ich, während ich es fühlte, wußte, daß er mich niemals loslassen wird.

Aus Gnade! Ich war von Gott angenommen, ohne Wenn und Aber angenommen als der lächerlich-vieldeutige Mensch, der ich bin. Durch den Glauben! Ich fühlte Gott, ohne einen schlüssigen Beweis dafür zu haben, daß es wirklich Gott war, von dem ich mich gehalten fühlte, und ohne jegliche Garantie, daß er sich nicht irgendwann zurückziehen und mich allein lassen würde, sollte ihm einmal danach zumute sein. Aus seiner Gnade und durch meinen Glauben fühlte ich den lebendigen Gott und wußte, daß die Sache in ihrem innersten Kern in Ordnung war. Ich bestand den Nachmittag auf die gleiche Weise, wie der Apostel Paulus Römer 7 mit seiner Minihölle des „Wer wird mich erlösen?" bestand, als er sagte: „Ich bin mir todsicher, daß weder Tod noch Leben ... uns jemals von der Liebe Gottes trennen kann, die in Christus Jesus, unserem Herrn, zu uns kam."

Kann ich wirklich sicher sein, daß Sie mich verstehen? Ich spreche davon, ein Gefühl zu erleben, das dem Gefühl gleichkommt, an einem fremden Ort in der Finsternis mit einer geliebten Person zusammenzusein. Ich spreche hier nicht von der Überzeugung, daß Gott für uns sorgen wird. Nehmen wir als Beispiel die Überzeugung, daß Gott in unserem Leben einen Plan verfolgt und unsere Reise durch die Hölle zu einem bestimmten Zweck geplant hat. Vielleicht hat er das alles tatsächlich geplant; ich will es nicht bestreiten. Aber die Überzeugung, daß Gott es geplant hat, ist noch lange nicht dasselbe, wie Gott darin zu fühlen. Auch wenn ich wirklich glaube, daß er das alles vor Grundlegung der Welt, hinter der Tür der Zeit, geplant hat, kann es durchaus sein, daß ich ihn hier in meiner persönlichen Hölle nicht *erlebe*. Das, was ich selbst erlebte — und ich hoffe, daß auch Sie es erlebt haben —, war die Gegenwart Gottes mitten in meiner Minihölle.

Ich sage auch nicht, daß uns etwas Gutes widerfahren wird, nachdem wir unserer persönlichen Hölle entflohen sind — eine überraschende Wendung, von einer liebevollen Vorsehung in Szene gesetzt, ein göttlicher Wind, der unseren Schmerz wegweht, eine Luftbrücke, eingerichtet, um uns aus dem Scheol nach Hause zu holen. Wunder sind angenehm, dessen bin ich mir gewiß, auch wenn ich selbst sie nicht allzuoft erlebe. Aber hier geht es mir darum, daß Gott in unserer Hölle gegenwärtig ist, nicht erst später, sondern — allen Unkenrufen zum Trotz — hier und jetzt mit uns in der Hölle, um seine liebenden Hände unter uns zu halten und uns im Augenblick unserer größten Gottverlassenheit zu stützen.

Vielleicht sollte ich, um sicherzugehen, noch folgendes sagen: Gott in unserer privaten Hölle zu fühlen ist nicht damit gleichzusetzen, daß wir eine Antwort auf das Problem des Leidens finden. Einige Menschen müssen weitaus mehr leiden als andere; unschuldige Kinder werden von Erwachsenen geschlagen und von der Natur zum Verhungern verurteilt. Die in vielen Fällen grauenerregende Ungerechtigkeit des Leidens ist der gewichtigste Grund, den sensible Skeptiker je hatten, nicht an Gott zu glauben. Wie kann ein guter Gott, der alles, was er will, zu tun vermag, derartig ungeheures Leiden in seiner Welt zulassen? Ich weiß keine Antwort. Ich weiß nicht, wie es möglich war, daß neuntausend Juden jeden Tag den Gaskammern von Auschwitz ausgeliefert wurden, während

Gott vom Himmel her zuschaute und weinte. Ich habe keine befriedigende Theorie über das Nichteingreifen Gottes in Auschwitz parat. Ich *glaube* freilich, daß er sich an die Regeln des Zusammenspiels zwischen Gott und Menschen gehalten hat. Diese besagen, daß er, hatte er einmal freie Handelnde erschaffen, ihnen die Freiheit einräumen würde, auch die schrecklichsten Dinge zu tun, die man sich vorstellen kann.

Wie dem auch sei, mein Erlebnis auf Fox Island war nicht die Antwort auf das Problem von Auschwitz oder auf irgendwelche andere Greueltaten. Es war eine Antwort auf die unendlich geringfügigere Frage, wie ich überleben konnte, wenn kein Mensch in der Lage war, mir beizustehen. Ich kann nur bezeugen, daß die mich stützende Gegenwart Gottes dort in meiner Minihölle, in der Hölle, in die ich mich selbst gebettet hatte, eine Realität war. Ich bin nie in Auschwitz gewesen. Ich bin nur in meiner eigenen Hölle gewesen — und weiß, daß Gott für mich da war. Ich kann nur hoffen, daß viele von denen, die in die Hölle von Auschwitz hinabgestoßen wurden, auch dort entdeckten, daß er da war, um sie zu halten und sie für immer vor dem Stürzen zu bewahren.

Es fällt mir nicht leicht, eine Lanze für die Integrität religiöser Gefühle zu brechen. Alles an meinem Lebensstil, meinem Charakter und meiner Tradition sagt mir, ich solle meinen Gefühlen, allen voran meinen religiösen Gefühlen, kein Vertrauen schenken. Gefühle spielen mit gezinkten Karten. Sie bringen uns in die Versuchung, uns eher nach guten Gefühlen auszustrecken als nach der Wahrheit über den lebendigen Gott. Ich kenne sämtliche guten Argumente, weshalb man eher seinem Kopf vertrauen sollte als seinem Herzen. Und doch weiß ich, daß meine Gefühle kein falsches Spiel mit mir trieben; ich bin mir sicher, daß das, was ich fühlte, nicht mein Bauch war, sondern Gott.

Wenn es um Gott geht, ist unser Verstand in Wirklichkeit genauso unzuverlässig wie unsere Gefühle. Ich bin gewiß, daß ich häufig gerade meines Gripses wegen vor Gott eine lächerliche Figur abgegeben habe. Ich führte mich früher selbst aufs Glatteis in der Annahme, daß ich mich nur mit klarem Kopf auf die reine Lehre von der Gnade zu konzentrieren brauchte, um die Gnade zu erleben. Ich frommer Dussel! Natürlich hätte ich nie zugegeben, daß ich die Theologie als einen brauchbaren Ersatz für die Erfahrung erachtete; dennoch lebte ich ganz und gar dieser Vorstellung.

Ich bin nicht der einzige Dummkopf, der eine Neigung hat, scharfes Nachdenken über die Wirklichkeit mit der Erfahrung derselben zu verwechseln. Mir sind Christen bekannt, die sich für besonders gute Menschen halten, weil nur sie lehren, daß wir alle aufgrund der Sünde Adams verdorben seien. Und ich meinte einst selbst, voll und ganz in Ordnung zu sein, wenn ich nur eine ausgewogene Lehre vom In-Ordnung-Sein vertrat. Wenn also Ihr Glaube, wie es bei Vertretern eines religiösen Elitedenkens gemeinhin der Fall zu sein pflegt, eher in Ihrem Kopf seinen Sitz hat als in Ihrem Herzen, und wenn Sie wie ich etwas vom eingebildeten Intellektuellen an sich haben, dann hoffe ich, daß Sie zumindest dem Teufel Gerechtigkeit widerfahren lassen und einräumen, daß er Ihren Verstand ebenso leicht verführen kann wie Ihre Gefühle.

Ich gestehe, daß der ganze Weg vom Kopf ins Herz, vom Denken zum Fühlen, mit Schmerzen gepflastert ist. Wir zahlen einen ziemlich gepfefferten Preis dafür, daß wir Gott in der Hölle fühlen. Ich denke, wir fühlen am stärksten seine Anwesenheit, wenn wir vorher seine

Abwesenheit zu spüren bekommen haben; wir fühlen seine Nähe am deutlichsten, nachdem uns klargeworden ist, daß er woanders sein muß. Wollen wir das sichere Gefühl bekommen, daß Gott da ist und uns auch in unserer Minihölle auf seinen Händen trägt, dann müssen wir manchmal das Gefühl erleiden, daß wir untergehen, daß wir verloren, verlassen und allein sind.

Meine Geschichte wäre damit beendet. Ich wollte Sie wissen lassen, daß es eine Möglichkeit gibt, herauszufinden, daß es mit uns zum besten steht, wenn alles ganz furchtbar ist. Wenn wir in unsere persönliche Hölle stürzen, dann ist es ganz gleich, wie sehr ihre Flammen uns versengen — wir können uns trotzdem in Gott hineinfallen lassen. Von Gott gehalten zu werden ist eine Gabe der Gnade. Man kann keine Knöpfe drücken, keine Schlüssel drehen, keine Menschen manipulieren und keine Zaubersprüche hersagen, um Gott dahin zu bringen, wo man ihn haben will. Und doch ist er da, auch wenn wir in der Hölle sind und ganz sicher „wissen", daß er fort ist. Wenn uns all unsere Stützen weggenommen worden sind, wenn sämtliche Hände aufgehört haben, uns zu streicheln, und wenn uns ein Gefühl des Grauens packt, weil wir uns vernachlässigt vorkommen, dann ist er da, unmittelbar unter uns, und wird uns niemals loslassen.

Ich kann niemandem die Hölle empfehlen, auch nicht eine Minihölle. Die Hölle, ganz gleich welcher Spielart, ist zu schmerzlich. Können Sie also Gott in Ihren Minihimmeln des Wohlergehens fühlen, dann seien Sie zufrieden. Es ist jedoch möglich, daß Sie sich irgendwann einmal in der Hölle werden betten müssen. Und es könnte sein, Sie hätten dann das Gefühl, vorzeitig hineingefallen zu sein, allein und hilflos, und daß alles im tiefsten Kern falsch gelaufen sei. Augenblickliche Gottverlassenheit! Falls, nein, wenn Ihnen so etwas widerfährt, dann kann es sein, daß Sie, wie ich, das Gefühl bekommen, Gott sei Ihnen näher, als wenn alles himmlisch wäre. Gott ist da, im voraus, ehe Sie ankommen, und wartet mit offenen Händen darauf, Sie gerade dann zu halten, wenn Sie meinen, ganz sicher unterzugehen. Sie werden seine Gegenwart, seine Stärke fühlen und den Mut, der uns daraus erwächst, daß er uns stützt — vorausgesetzt, Sie lassen einfach zu, daß er Sie hält. Und fühlen Sie Gott, so werden Sie die Gewißheit bekommen, daß es nicht nur jetzt, in diesem Augenblick, sondern auch später, zu jedem beliebigen Zeitpunkt, mit Ihnen zum besten stehen wird. Fragen Sie mich nicht, wie Sie diese Gewißheit bekommen können. Ich für meinen Teil kann Ihnen nicht garantieren, daß Ihnen dieses alles widerfahren wird. Doch weiß ich, daß es so kommen kann. Auch Sie werden es wissen, wenn Sie fühlen, wie Sie dorthin fallen, wo die menschlichen Hände, die Sie brauchen, Sie nicht erreichen können; wenn Sie fühlen, wie Sie in die Tiefe stürzen und in den Händen Gottes landen. Im Grunde werden Sie das Gefühl haben, daß niemand außer Gott selbst Sie hält. Und Sie werden die Gewißheit bekommen, daß es — trotz allem — mit Ihnen zum besten steht.

Anmerkung

[1] Jonathan Edwards (1703 – 1758), Pastor der reformierten Gemeinde in Northampton, Massachusetts, und einer der einflußreichsten Theologen des 18. Jahrhunderts, hielt am 8. Juli 1741 eine bis heute oft nachgedruckte Predigt unter dem Titel Sinners in the Hands of an Angry God (Sünder in den Händen eines zornigen Gottes) [Anm. d. Übers.].

12. Ende gut, alles gut!

Die Gabe der Hoffnung

Wir warten auf neue Himmel und eine neue Erde, in denen
Gerechtigkeit wohnt. Und Hoffnung enttäuscht uns nicht.
(2. Petrus 3, 13; Römer 5, 5)

Ich habe mir gestern einen brandneuen Terminkalender
gekauft, einen von der Sorte, wie ich sie jedes Jahr ver-
wende: Spiralbindung, Einband aus schwarzem Kunstle-
der und Seite um Seite leere Quadrate. Jedes Quadrat ist
mit einer Nummer versehen, die mich wissen läßt, den
wievielten Tag des Monats wir haben. Jedes Quadrat
umrahmt einen Abschnitt meines Lebens. Bis zum Ende
des Jahres werde ich die Quadrate gefüllt haben mit
Seminaren, die ich halten, mit den Namen derer, mit
denen ich mich zum Mittagessen treffen, und mit den
endlosen Ausschußsitzungen, die ich über mich ergehen
lassen werde. Und das sind nur die Dinge, die zu vergessen ich mir nicht leisten kann; ich fülle die Quadrate
ebenso mit Dingen, die ich nicht notiere: mit vielen tausend Tassen Kaffee, mit Zeiten der Zärtlichkeit, mit dem
Gebet und, wie ich hoffe, mit kleinen nachbarschaftli-
chen Hilfeleistungen. Was auch immer ich tue, es muß in
eines der Quadrate meines Terminkalenders hineinpas-
sen.

Ich lebe immer nur ein Quadrat zur Zeit. Die vier
Linien, aus denen das Quadrat besteht, sind die Wände
der Zeit, die mein Leben einteilen. Alles, was ich tue,
muß in ein Quadrat passen; ich kann nicht in zweien
zugleich sein.

Jedes Quadrat hat eine unsichtbare Tür, die ins nächste Quadrat führt. Zu stiller Stunde, Schlag Mitternacht, öffnet sich die Tür, und ich werde wie von einem Magneten hindurchgezogen, hinein ins nächste Quadrat. Hier werde ich wieder den vorgegebenen Zeitrahmen, der mich einschließt, mit meiner Geschäftigkeit füllen, gerade so wie im vorigen Quadrat. Je älter ich werde, desto kleiner scheinen die Quadrate zu werden.

Eines Tages werde ich in ein Quadrat ohne Tür eintreten. Es wird keine geheimnisvolle Tür geben, die sich öffnet, und kein Hineinschreiten in ein angrenzendes Quadrat. Eines der Quadrate wird das letzte sein. Ich weiß nicht welches.

Jemand von der Lebensversicherung könnte in etwa die Anzahl der Quadrate schätzen, die ich zu erwarten habe, bevor ich das letzte erreiche. Wie viele bleiben mir noch? Angenommen, mir blieben noch genau 1029 Quadrate. Wie würde sich das auf mich auswirken, während ich das eine Quadrat fülle, in dem ich mich jetzt befinde? Das hängt nicht so sehr davon ab, wie viele Quadrate mir übrigbleiben, sondern davon, was mir widerfahren wird, wenn ich ins letzte Quadrat gelange.

Zwei Dinge können geschehen. An dem, was geschieht, zeigt sich, was vom Leben zu halten und was in unserer Welt wirklich wichtig ist. Darum sollten wir diesen beiden Möglichkeiten mit äußerster Ehrlichkeit ins Auge blicken. Dies ist keine Zeit, sich etwas vorzumachen. Die erste Möglichkeit ist die: Habe ich das letzte Quadrat, das Quadrat ohne Tür, erreicht, dann werde ich darin erstickt. Die Wände des Quadrats schließen sich immer enger um mich, um mich gleichsam zu erwürgen. Vielleicht stellt es sich heraus, daß meine Vergangenheit mich in diesen dunklen Raum ohne Ausgang geradezu ausgespien hat. Möglicherweise bin ich Tag für

Tag durch mein unbedeutendes Leben stolziert, nur um am Ende in dieses leere Quadrat hineinzustolpern, das mich für immer zum Schweigen bringen wird. Ich habe in all den anderen Quadraten so getan, als sei ich etwas Besonderes; jetzt teile ich mein Lager womöglich mit toten Ratten. Das könnte mir nach weiteren 1029 Quadraten widerfahren. Widerfährt es aber mir, dann widerfährt es vermutlich jedem, der ins letzte Quadrat seines Terminkalenders hinübergleitet.

Die zweite Möglichkeit ist die: Habe ich das letzte Quadrat erreicht, dann entdecke ich, weshalb es keine Tür hat: Es hat keine Wände, in die eine Tür passen würde. Die vier unbeweglichen Linien, die mich sonst umrahmt und eingeschlossen haben, sind ausradiert. Der letzte Tag meines Lebens erweist sich als der Anfang eines Lebens in neuen Dimensionen, wo ich irgendwie frei bin, weil die Wände eines vorgegebenen Zeitrahmens weggefallen sind. Das letzte Quadrat ist nicht der Tod, sondern eine neue Dimension des Lebens.

Im Zentrum des christlichen Evangeliums steht die Verheißung, daß die zweite Möglichkeit die wahre ist: Unser letztes Quadrat wird ein Übergang in eine neue, umfassende Welt vollkommenen Friedens und vollständiger Gerechtigkeit sein. Glauben wir an diese Verheißung, so haben wir das, was man die „christliche Hoffnung" zu nennen pflegt. Es ist besser, wir reden an dieser Stelle ganz offen miteinander: Die christliche Hoffnung ist aufs engste mit dem letzten Quadrat unseres Terminkalenders verknüpft. Diese Hoffnung setzt darauf, daß das letzte Quadrat nicht das abgeschlossene Gelaß ist, das wir normalerweise als einen Sarg bezeichnen, sondern eine Pforte, durch die wir in eine neue Welt gelangen, wo alles in jeder Hinsicht in Ordnung sein wird.

Selbstverständlich wird es zwischen meiner Ankunft

im letzten Quadrat meines persönlichen Terminkalenders und dem Anbruch der neuen Welt einen zeitlichen Abstand geben. Doch werde ich nicht das Empfinden haben, ich müßte auf die neue Welt warten. Im Gegenteil, ich werde auf der neuen Erde das Empfinden haben, ich sei im gleichen Augenblick dort angekommen, in dem ich das letzte Quadrat meines Terminkalenders verließ. Mögen auch Lichtjahre dazwischen liegen, es wird mir in der neuen Dimension wie morgen vorkommen.

Ich sagte, es werde sich um eine neue Welt handeln. Sie kann mit dem gleichen Recht als neu bezeichnet werden wie ein altes, zerfallenes Haus, das von oben bis unten, draußen wie drinnen, von einem Architekten restauriert wurde, der es meisterhaft versteht, ein mißbrauchtes Bauwerk, dessen Fundamente noch in Ordnung sind, in Schuß zu bringen. Es ist alles neu — verglichen mit der baufälligen Baracke, zu der das Haus vorher verkommen war. Und doch ist es dasselbe alte Haus, in das die ersten Bewohner einst einzogen. Total erneuert; im Grunde dasselbe. Genau so wird es mit der neuen Erde sein, auf die wir hoffen.

Die neue Erde wird diese alte Welt sein. Wir werden die Meere und die Flüsse, die Grünflächen und die Wüsten, die Berggipfel und die Täler wiedererkennen, aber auch die Tiere und die Menschen, die gemeinsam dort leben werden. Es wird dieselbe Erde sein, die der Schöpfer erschuf und liebte, derselbe Garten, den er für seine Kinder vorsah, dasselbe Reich, das er dem Feind nicht überlassen wollte. Was wird also daran neu sein?

Neu wird in erster Linie die Art sein, wie die Menschen miteinander und mit Gott umgehen werden. Die Menschen werden einander wie nie zuvor fortwährend gerecht behandeln; die Vereinbarungen, die wir hinsichtlich unseres gemeinsamen Lebens treffen werden, die gesellschaftlichen Institutionen und Strukturen, werden die Gerechtigkeit fördern, die die Bibel von Anfang an propagiert hat. Der Apostel Petrus sagt, daß wir nach einer neuen Erde Ausschau halten, in der alles in Ordnung sein wird. Das meint die Bibel mit Gerechtigkeit; der biblische Begriff Gerechtigkeit drückt in etwa das aus, was wir sagen wollen, wenn wir wünschen, mit unserer Welt wäre alles in Ordnung.

Das In-Ordnung-Sein fängt mit Gerechtigkeit an — damit, daß die Menschen das erhalten, was recht ist. Es geht jedoch weit darüber hinaus. Ist alles in Ordnung, dann nicht nur im gesetzlichen Sinne, daß jeder das bekommt, was ihm zusteht. Das Leben ist in Ordnung, weil die Menschen sich umeinander kümmern, einander lieben und einander niemals im Stich lassen.

Hoffen wir auf eine Welt, in der alles in Ordnung sein wird, dann hoffen wir auf mehr; wir hoffen auf das, was die Bibel *Schalom* nennt, ein Wort, das mit Frieden übersetzt wird, aber weit mehr beinhaltet als das, was wir gemeinhin unter Frieden verstehen. Frieden wird in der neuen Welt ein Leben voller Freude, Gesundheit und Liebe sein. In der Offenbarung des Johannes lesen wir: „Gott wird abwischen alle Tränen von ihren Augen, und der Tod wird nicht mehr sein, noch Leid noch Geschrei noch Schmerz wird mehr sein" (21,4; rev. Lutherübers.); hier bekommen wir zumindest einen negativen Einblick in das, was die Bibel mit Frieden meint. Aber wie dem auch sei: Wenn sich die Wände um jenes letzte Quadrat unseres Terminkalenders auflösen werden, werden wir frei sein, um in dieser überaus neuen Welt zu leben, in der alles in großartiger Weise in Ordnung sein wird.

Heute hört man in einigen christlichen Kreisen jede Menge dummes Geschwätz über „das Ende der Welt", so als müßten wir Christen uns auf einen riesigen Holocaust freuen, bei dem Gott die eigene Schöpfung zerstören wird. Blanker Unsinn! Jemand hat sogar einen Bestseller geschrieben mit dem Titel *The Late Great Planet Earth* (wörtlich: Der frühere großartige Planet Erde)[1]. Ein albernes, verachtenswertes Machwerk, das den Schöpfer des Planeten beleidigt! Er liebt unsere Welt und hat keinesfalls vor, ihren Untergang mit anzusehen. Sein Plan geht dahin, sie wieder in Ordnung zu bringen. „Früherer Planet"? Welch ein Unfug! Der bloße Gedanke ist wahrscheinlich die widerlichste Irrlehre, die jemals die christliche Hoffnung untergraben hat.

Der Alptraum vom „Ende der Welt" macht es den Menschen außerordentlich schwer, auf die von Gott geplante Zukunft zu hoffen. Einst fragte ich eine Gruppe von Christen, ob sie nach ihrem Tod in den Himmel kommen wollten. Soweit ich mich erinnern kann, hoben sie alle die Hand. Dann fragte ich, ob sie, hätten sie die Gelegenheit, heute, jetzt, noch vor Sonnenuntergang dorthin kommen möchten. Ein paar Leute hoben langsam die Hand, sahen sich aber heimlich um, um festzustellen, ob sie die einzigen waren — und sie waren es. Die meisten wollten den Himmel noch eine Weile hinauszögern; eine Eintrittskarte, ja bitte, aber nur für eine spätere Vorstellung. Und warum auch nicht, wenn das In-den-Himmel-Kommen bedeutet, daß man die Erde nie wieder betreten wird?

Als nächstes fragte ich, ob sie es gerne sähen, wenn die Welt, in der wir leben, morgen ein für allemal ins rechte Gleis gebracht würde. Es gäbe keinen Schnupfen mehr und keinen Krebs. Jedem würde das Glück lachen; es gäbe keine Menschen zweiter Klasse. Häftlinge und Sklaven wären frei; Hungernde hätten alles in Hülle und Fülle; niemand würde anderen schaden; und wir hätten Frieden mit jedem, insbesondere mit uns selbst. Unsere nationalistischen Schwerter würden in internationale Pflugscharen umgearbeitet, und wir alle hätten endlich den Frieden. Bitte die Hand heben! überall gingen Hände hoch. Und ich sagte: Wollen Sie wirklich morgen eine neue Welt, dann wollen Sie in den Himmel kommen. Denn der Himmel ist nur die Erde nach ihrer Erneuerung. Was sonst würde ein guter Schöpfer für seine erdgebundenen Geschöpfe planen?

Die christliche Hoffnung richtet ihren Blick auf diese Welt, denn dies ist die Welt, die Gott erschaffen hat, die Welt, in die er seinen Sohn gesandt hat, nicht um sie zu richten, sondern zu retten (Johannes 3,17). Gott wird ihr magnetischer Pol sein. Jesus wird ihr Herr sein. Und alle, die auf ihr leben, werden ihren Schöpfer und Erlöser uneingeschränkt loben.

Für einige Menschen ist der Himmel allein deshalb gut, weil sie dort Gott und Jesus sehen werden:

Ach wie wünsch ich, Dich zu schauen,
Jesus, liebster Seelenfreund,
dort auf Deinen Salemsauen,
wo man nicht mehr klagt und weint,
sondern in dem höchsten Licht
schauet Gottes Angesicht.
(Friedrich Konrad Hiller, 1662 – 1726)

Persönlich brauche ich etwas mehr. Ich denke, es ist im Sinne Gottes, daß wir, während wir uns seiner erfreuen, auch an seiner Erde unsere Freude haben. Er weiß, daß einige unter uns mehr brauchen als eine unverfälschte Schau seiner Schönheit; wir brauchen die Schönheit anderer Menschen. Gott ist zwar die Mitte, er fordert

195

jedoch nicht, unser ein und alles zu sein. Ich bin ihm dankbar, daß er uns nicht nur an sich, sondern auch aneinander Freude finden läßt. Wir werden sonntags sein Angesicht schauen dürfen; an Wochentagen wird er uns mit unseren Geschwistern aus der menschlichen Familie spielen und arbeiten lassen. Und der Himmel wird montags ebenso herrlich sein wie sonntags.

Wir haben uns bisher über den Gegenstand unserer Hoffnung unterhalten. Jetzt möchte ich ein wenig den Akzent verschieben und über die Tätigkeit des Hoffens sprechen. Das Wort „hoffen" weist in zwei Richtungen zugleich: nach vorne auf das, worauf wir hoffen, und nach innen auf unsere eigene Erfahrung des Hoffens. Ich werde jetzt von unserer Erfahrung sprechen. Vergessen Sie vorerst die Zukunft. Nehmen Sie sich selbst ins Visier! Sie sagen, Sie hätten wirklich die Hoffnung, daß am Ende alles in Ordnung sein wird. Versuchen Sie nun, daran zu denken, was für einer Tätigkeit wir nachgehen, wenn wir etwas hoffen.

Mir scheint es, daß dreierlei in uns vorgeht, wenn wir hoffen. Als erstes wäre unser Verlangen zu nennen: Wir begehren das Erhoffte. An zweiter Stelle steht der Glaube: Wir glauben, daß das Erhoffte möglich ist. Und an dritter Stelle steht der Zweifel: Wir befürchten, das Erhoffte könnte möglicherweise doch nicht eintreffen. Gestatten Sie mir, mich ein wenig darüber auszulassen.

Hoffen heißt begehren; wir begehren etwas, was uns noch nicht zuteil geworden ist. Die bloße Überzeugung, daß gewisse Dinge sich irgendwann in der Zukunft ereignen werden, kann man noch nicht mit Hoffnung gleichsetzen. Als ich ein Kind war, hat man mich gelehrt, Jesus könne jeden Augenblick wiederkommen; ich wollte aber, er solle damit wenigstens so lange warten, bis die Detroit Tigers Weltmeister im Baseball geworden wären.

Ich glaubte in gewisser Weise schon, setzte jedoch nicht meine ganze Hoffnung auf sein Kommen. Ich fing erst an, auf die Wiederkunft zu hoffen, als ich sie wirklich herbeiwünschte.

Hoffen heißt glauben; wir glauben, daß das, was wir für die Zukunft begehren, wirklich eintreffen kann. Die Hoffnung baut auf Möglichkeiten. Weiß ich ganz sicher, daß ich unheilbar krank bin, dann gebe ich die Hoffnung, geheilt zu werden, auf. Weiß ich ganz sicher, daß ich geheilt werde, dann habe ich es nicht nötig zu hoffen. Ich hoffe nur so lange, wie ich glaube, daß das, was ich begehre, möglich ist, wiewohl nicht unvermeidlich.

Hoffen wir, so haben wir auch unsere Zweifel; wir können nicht umhin, Zweifel zu haben, weil wir uns nicht sicher sein können. Das Zweifeln ist die dritte Dimension des Hoffens. Ist es möglich, daß meine Mannschaft gewinnt, dann ist es auch möglich, daß sie verlieren wird. Ist es möglich, daß wir ein Mittel gegen den Krebs entwickeln, dann ist es auch möglich, daß es uns nicht gelingen wird. Menschliche Hoffnung ist immer mit einem Risiko verbunden. Mit sehr viel Glück werden wir es vielleicht schaffen, die Hungernden der Welt mit unseren gegenwärtigen Mitteln zu ernähren; mit etwas Pech könnten wir eine weltweite Nuklearkatastrophe heraufbeschwören. Darum schließen wir unsere Wetten ab und hoffen, glauben und zweifeln zur gleichen Zeit. So ist nun einmal menschliche Hoffnung.

Soviel zur Tätigkeit des Hoffens im allgemeinen. Jetzt möchte ich fragen, inwiefern sich unser christliches Hoffen von gewöhnlichem Hoffen unterscheidet. Ich denke, der Unterschied hat mit der dritten Dimension zu tun, dem Zweifeln. Im christlichen Sinne zu hoffen, heißt nicht, an das Mögliche zu glauben; wir Christen haben eine feste Überzeugung im Blick auf etwas Gesichertes.

Das Hoffen der Christen ist eine von Gott geschenkte Gewißheit, daß er alles, was er versprochen hat, auch eintreffen lassen wird. Deshalb spricht Paulus von „Hoffnung, die nicht enttäuscht" (Römer 5,5). Und deshalb bezeichnet der Verfasser des Hebräerbriefs die christliche Hoffnung als „einen sicheren und festen Anker der Seele" (6,19). Hier wird dem rein menschlichen Hoffen der Zweifelsfaktor abgezogen; das Mögliche wird zur Gewißheit.

Aus diesem Grunde stellt sich christliches Hoffen nur als Gnadengabe ein. Daß wir im christlichen Sinne hoffen, beruht nicht darauf, daß wir schlau genug waren, um auf einen Sieger zu setzen. Unsere Hoffnung beruht auch nicht auf unserer Fähigkeit, bei der Lektüre der *Frankfurter Allgemeinen* scharfsinnig zwischen den Zeilen zu lesen. Wenn wir ganz ehrlich sind, scheint das, worauf wir hoffen, ganz und gar lächerlich, ja, unmöglich zu sein. Der gesunde Menschenverstand[2] will uns womöglich weismachen, christliches Hoffen sei nichts anderes als ein verzweifeltes Setzen auf etwas, was niemals eintreffen kann.

Hartnäckige Studenten der Geschichte beharren darauf, daß es nie eine radikale Wendung zum Besseren hin geben werde. Es gibt in unserer Vergangenheit kein goldenes Zeitalter, anhand dessen sicher zu beweisen wäre, daß „eine neue Erde, in der alles in Ordnung sein wird", für unsere arg strapazierte Welt eine echte Alternative darstellt. Es gibt vielmehr ein finsteres Mittelalter, an dem ganz klar zu erkennen ist, daß die Menschen zu jeder bösen Handlung fähig sind, die man sich vorstellen kann. Zu unserer Geschichte gehört Auschwitz, aber kein Gottesstaat. Zu unserer Geschichte gehören die endlosen Reihen Unschuldiger, die tagaus, tagein in die Gaskammern getrieben wurden. Die Geschichte kennt kein Modell einer Gesellschaft, in der die Menschen sich überall gegenseitig respektiert und geliebt hätten. Nein, wenn christliches Hoffen mit einem „Gefühl völliger Gewißheit" gleichzusetzen ist, dann steht es in krassestem Widerspruch zu den brutalen Erfahrungen der Menschheit mit der Wirklichkeit.

Was uns so sicher macht, muß wohl der Tip irgendeines Insiders sein, der Wink einer ungenannten, aber zuverlässigen Quelle, eine gezielte, absolut unbestreitbare Indiskretion aus höchsten Kreisen. Nein; alles, was wir haben, ist eine Verheißung — und die Kraft, auf die Verheißung zu hören, daran zu glauben und danach zu leben. Nur eine Verheißung? Ja, nur eine Verheißung. Wir warten, sagt der Apostel, auf eine neue Erde *nach seiner Verheißung* (2. Petrus 3,13). Welch eine Verheißung! Sie ist allumfassend, total, das höchste Fanal des In-Ordnung-Seins.

Die Verheißung hatte schon immer mit einer neuen, besseren Welt zu tun, mit einer Welt voller Frieden und Freude, die aus der Asche unserer Kriege und unserer Traurigkeit erstehen sollte. „Denn siehe, ich erschaffe neue Himmel und eine neue Erde" (Jesaja 65,17). Schwerter werden zu Pflugscharen verarbeitet; Löwen legen sich neben Lämmer nieder; den Armen widerfährt Gerechtigkeit; die Schwachen werden in eine Stellung der Stärke gebracht; und alle Völker erfreuen sich am göttlichen *Schalom.* So war die Verheißung, die ins Bewußtsein der Menschen der Antike eindrang, die ansonsten überhaupt keine Hoffnung hatten.

Später kam die Verheißung als Person zu uns, als eine Person, deren ganzes Dasein sagte: „Eine bessere Welt kommt." Das kleine jüdische Mädchen, das die Mutter werden sollte, sang, ihrer Schwangerschaft wegen wie benommen, ein inspiriertes Lied über den Tag, an dem er

„die Hungrigen mit Gutem füllen und die Reichen leer ausgehen lassen" würde (Lukas 2,53). Während ihr Sohn in bitterer Armut geboren wurde, verkündeten Engelchöre, er werde der ganzen Welt den Frieden bringen. Er wuchs auf und vollbrachte seltsame und wunderbare Taten, die zeichenhaft deutlich machten, daß die Kraft des In-Ordnung-Seins mit ihm war: Eine Dorfprostituierte wird zu einer liebevollen Frau, ein lebenslanger Krüppel richtet sich plötzlich auf, ein Blinder erblickt Bäume und Kinder, an Schuldgefühle Gefesselte werden frei, und hie und da kommt ein Toter aus dem Grab spaziert. Jesus sagte, er sei gekommen, um den Gefangenen zu predigen, daß sie frei, und den Unterdrückten, daß sie frei und ledig sein sollen (Lukas 4,18); seine Wunder waren ein Hinweis darauf, daß die Verheißung auf der ganzen Erde in Erfüllung gehen würde.

Das Kind wuchs heran und wurde zu einer Bedrohung für die etablierten Machthaber. Darum ließen sie ihn ans Kreuz nageln und töten. Aber Gott erweckte ihn vom Tode und kleidete auf diesem Wege die Verheißung einer künftigen neuen Erde in Fleisch und Blut. Viele Menschen fühlen den Geist dieses Auferstandenen in ihrem eigenen Geist; und wenn sie ihn fühlen, glauben sie der Verheißung und erlangen die Gewißheit, daß sie in Erfüllung gehen wird. Sie haben die Gabe der Hoffnung empfangen. Und aus dieser Gabe schöpfen sie Lebensmut, während sie — allzu schnell — von einem Quadrat ins andere eilen auf dem Weg in das eine Quadrat, das den Menschen so viel Angst einjagt.

Offen gesagt, die Gabe der Hoffnung hängt aufs engste mit dem letzten Quadrat unseres Terminkalenders zusammen; und nur Hoffnung kann uns die Angst vor diesem letzten Quadrat nehmen. Jede Hoffnung auf bessere Zeiten, die wir etwa für die Zwischenzeit hegen, ist eine menschliche Hoffnung, und menschliches Hoffen zieht stets menschliche Zweifel nach sich. Absolut sicher sein können wir nur, daß alles *am Ende* in Ordnung sein wird.

Diese Schau vom letzten Quadrat unseres Terminkalenders wirft freilich ein Licht auf alle dazwischen liegenden Quadrate. Wir leben in der Hoffnung, und die Hoffnung macht unser Leben hell. Wir sehen jedes einzelne Quadrat in einem anderen Licht, weil wir das letzte Quadrat als die Eingangspforte zur neuen Erde betrachten. In gewisser Weise weiß ich, daß es jetzt mit mir zum besten steht — auch wenn alles falsch gelaufen sein mag —, weil ich die Hoffnung habe, daß auf Gottes künftiger neuer Erde alles in Ordnung sein wird — für uns alle.

Ich hoffe mit *menschlicher* Hoffnung, daß die behinderte Tochter meines Bekannten zu einer intelligenten Erwachsenen heranwachsen wird; doch bezweifle ich, daß es so kommen wird. Ich hoffe mit *christlicher* Hoffnung, daß ihre gegenwärtige Behinderung ein kurzes Vorspiel ist zum wahren Leben, zu einer Person mit grenzenloser schöpferischer Intelligenz. Meine menschliche Hoffnung, sie könnte innerhalb der Quadrate ihres Terminkalenders geheilt werden, ist gering; dennoch habe ich großartige Hoffnungen für sie, und meine Hoffnungen machen sie hier auf dieser Erde so kostbar wie jedes schöpferische Genie.

Ich hoffe mit *menschlicher* Hoffnung, daß meine Gesellschaft eine gerechte sein wird, eine Gesellschaft, in der die Menschen einander helfen und sich umeinander kümmern werden und in der jeder sowohl genug zu essen haben wird als auch einen anderen Menschen, der ihn liebhat. Ich bezweifle jedoch, daß ich jemals solch eine vollkommene Gesellschaft vorfinden werde. Ich hoffe mit *christlicher* Hoffnung, daß wir alle einander mit einer Liebe lieben werden, der es höchstes Vergnügen bereiten wird, wenn andere das bekommen, was ihnen rechtmäßig zusteht, und dann noch mit unaussprechlichen Freuden gekrönt werden. Und meine zuversichtliche Erwartung einer von vollkommener Liebe und Gerechtigkeit geprägten Gesellschaft bedeutet, daß meine gegenwärtige menschliche Familie wert ist, gerettet und geheilt zu werden.

Die Gabe der Hoffnung macht sowohl die ganze menschliche Familie als auch jeden einzelnen Menschen äußerst wertvoll; die Schau vom künftigen In-Ordnung-Sein projiziert den Stempel des In-Ordnung-Seins auf die Gegenwart zurück. Zudem macht sie das Leben ein wenig verspielt. Was wir in einer Million Quadraten des Kalenders nicht können, das wird Gott zur von ihm vorbestimmten Zeit vollbringen. Deshalb werden wir die neue Welt nicht verlieren, wenn wir unterwegs ein wenig spielen. Und außerdem: Spielen wir, so richten wir uns nach dem Vorbild des Lebens im Himmel. „Greise und Greisinnen werden wieder auf den Plätzen Jerusalems sitzen; jeder hält wegen seines hohen Alters einen Stock in der Hand. Und die Stadt wird voll Knaben und Mädchen sein, die auf den Straßen spielen" (Sacharja 8,4f. nach der Einheitsübers.). Letztlich läuft es auf folgendes hinaus: Die Christenhoffnung macht gute Arbeit sinnvoll, doch läßt sie uns wissen, daß wir nicht von der Arbeit allein leben können. Mögen die Quadrate unserer Terminkalender Wiesen zum Tanzen sein.

Viele Menschen leben ohne die christliche Hoffnung. Einige von ihnen betrinken sich und nehmen Drogen, damit sie die Eintönigkeit ihrer stets gleichbleibenden, sich aneinanderreihenden Quadrate vergessen können. Andere füllen die ihnen zugeteilten Quadrate mit Kaufen und Konsum. Wieder andere arbeiten ihre Quadrate weg, werden dabei sehr reich und neurotisch und fragen sich zuletzt, was die Quadrate überhaupt für einen Sinn haben. Was kommt schließlich bei all den Terminkalendern, bei all den Quadraten, die Millionen und aber Millionen von Menschen mit ihren Sorgen und ihrem Ärger füllen, heraus? Könnte es sein, daß der Anthropologe Ernest Becker recht hat? „Die nüchternste, von uns gezogene Schlußfolgerung wäre, daß das, was in Wirklichkeit etwa drei Milliarden Jahre lang auf unserem Planeten stattgefunden hat, ihn nur in einen gigantischen Düngerhaufen verwandelt habe."[3] Hier hat sich süße menschliche Hoffnung in sauren Zweifel verwandelt.

Die einzige echte Antwort auf sauer gewordene menschliche Hoffnung ist die Gewißheit christlicher Hoffnung. Ich glaube, daß Becker unrecht hat, und ich werde es aus Erfahrung wissen, sobald ich in das letzte Quadrat meines Lebens eintrete. Denn dort werde ich entdecken, daß diese Erde zum Königreich meines Herrn Jesus Christus geworden ist; daß alles Gute und Edle und Anständige, das die Menschen während ihres Ganges durch die Quadrate kennengelernt haben, dort, im künftigen Leben, in verwandelter Form blühen und gedeihen wird; und daß die Erde durch die Kraft des Geistes Gottes und zur Ehre unseres großen Schöpfers und Erlösers ein prächtiger Ort voller Gerechtigkeit und Liebe sein wird. Dort wird endlich alles mit uns zum besten stehen, und alles andere wird ebenfalls in Ordnung sein.

Anmerkungen

[1] Hal Lindsey/Carole C. Carlson, *Alter Planet Erde, wohin? Im Vorfeld des dritten Weltkrieges.* Aus dem Ame-

rikanischen von Martin Schneider (Asslar: Verlag Klaus Gerth, 1991 [20. Aufl.]).

[2] Engl. *common sense* = lat. sensus communis. Statt mit „gesunder Menschenverstand" könnte man diesen Ausdruck hier mit „Gemeinsinn" wiedergeben; dann wäre das Urteil der Gesellschaft im allgemeinen gemeint. [Anm. d. Übers.].

[3] Ernest Becker, *Die Überwindung der Todesfurcht. Dynamik des Todes.* Aus dem Englischen übertragen von Eva Bornemann (München: Goldmann, 1987 [2. Aufl.]), S. 410.